Werner Vontobel

Die Wohlstandsmaschine

Das Desaster des Neoliberalismus

Elster Verlag
Baden-Baden und Zürich

Die Deutsche Bibliothek - CIP-Einheitsaufnahme
Vontobel, Werner:
Die Wohlstandsmaschine: das Desaster des Neoliberalismus / Werner Vontobel.
- Baden-Baden ; Zürich : Elster Verl., 1998
ISBN 3-89151-268-6

Elster Verlag und Rio Verlag
Verwaltung: Hofackerstraße 13, CH-8032 Zürich
Telefon (0041) 1 385 55 10; Fax (0041) 1 385 55 19
Copyright © 1998 by Rio Verlag und Medienagentur AG, CH-8032 Zürich
Alle Rechte, insbesondere das Recht der Vervielfältigung und Verbreitung, vorbehalten.
Umschlaggestaltung: N. Ernst
Satz: Minion 11/13, Rio Verlag, Zürich
Belichtung: MSP Berlin
Druck und Bindung: Westermann Druck, Zwickau
ISBN 3-89151-268-6

Inhalt

Vorwort 7

I Der neoliberale Verrat an der Freiheit 11
Eine neue Religion entsteht 13
Die Anfänge des Neoliberalismus 17
Freiheit und politischer Liberalismus 27
Freiheit für wen und vom wem? 31
Das Bruttosozialprodukt oder:
Worauf es nicht ankommt 35
Kann Liberalismus apolitisch sein? 39
Markt und Moral 43
Freiheit und Eigentum 45
Wer bedroht die Freiheit? 49
Im Betrieb hört die Freiheit auf 53
Exkurs
    Das Unternehmen und die Gedankenfreiheit 61

II Der Neoliberalismus verrät die Marktwirtschaft 67
Die Kündigung des marktwirtschaftlichen
Sozialvertrages 69
Marktwirtschaft oder «Marktwirtschaft»? 73
Die Marktwirtschaft wiederherstellen 77
Die unsichtbare Hand – Wirtschaftsliberalismus,
Freiheit und Wohlstand 81

Zwei Denkschulen 85
Der Irrtum des Utilitarismus 89
Der Neoliberalismus und das Reich der Notwendigkeit 93

III Bausteine eines neuen Wirtschaftsliberalismus 97

Neues Leben für zwei alte Begriffe –
Eigentum und Markt 99
Der Tausch findet nicht nur auf dem Markt statt 105
Der Außenhandel – Peter und Hans statt
England und Portugal 109
Der Markt und sein Gleichgewicht 115
Markt und Moral 121
Der Neoliberalismus und die Moral 125

IV Agenda für einen neuen Wirtschaftsliberalismus 131

Bibliographie 141

Vorwort

Dieses Buch ist ein Pamphlet und ein Plädoyer. Es ist ein Verriß des Neoliberalismus und eine Streitschrift für Liberalismus und Marktwirtschaft. Diese Kombination ist eine Überraschung für alle, die bisher geglaubt haben, daß der Neoliberalismus liberal und marktwirtschaftlich sei. Ihnen ist dieses Buch gewidmet. Vor allem aber ist dieses Buch auch ein Angebot an all jene, die bisher geglaubt haben, weder der Liberalismus noch die Marktwirtschaft könnten etwas Vernünftiges zur Lösung der gesellschaftlichen und wirtschaftlichen Probleme beitragen, da sie selbst das eigentliche Problem darstellten. Diese Einstellung ist irrig, wenn auch verständlich. Schuld daran ist die Ideologie des Neoliberalismus, die mit ihrem Glauben an unabänderliche historische Abläufe dem Marxismus nähersteht als dem Liberalismus und die mit ihrer Willfährigkeit gegenüber der Macht dem Übergang vom Markt zu einer neuen Planwirtschaft den Weg bereitet.

Worum geht es im einzelnen? Im ersten Teil geht es um die Freiheit beziehungsweise um die freie Entfaltung der Menschen. Wie wird Freiheit definiert? Was hat Politik mit Freiheit zu tun? Welche Antworten geben die verschiedenen Liberalismen auf diese Fragen, und wie unterscheidet sich der politische oder republikanische Liberalismus in diesen Punkten vom Neoliberalismus? Die Hauptthese lautet: Der echte Liberalismus ist eine politische Philosophie und fragt nach dem gesellschaftlichen System, das möglichst vielen eine möglichst freie, individuelle Entfaltung in der Gesellschaft erlaubt. Deshalb wird dieser Liberalismus auch politisch oder republikanisch genannt.

Der Neoliberalismus hingegen ist eine Ideologie oder Heils-

lehre, wonach die Freiheit nur um den Preis der Unterwerfung unter die unabänderlichen Gesetze des Marktes zu haben ist.
Im zweiten Teil geht es um die Frage, welchen Beitrag der Markt zur individuellen Freiheit leisten kann. An diesem Problem unterscheidet sich der Neoliberalismus vom klassischen Wirtschaftsliberalismus, der sich auf die von Adam Smith begründete klassische Wirtschaftstheorie und deren neoklassische Erweiterung durch Ricardo, Walras usw. stützt. Dieses Theoriegebäude und die Idee vom perfekten Markt, die in ihrem Zentrum steht, ist in der Tat ein brauchbarer Wegweiser zu Wohlstand und Freiheit. Die real existierende Marktwirtschaft hat, zumindest in der westlichen Welt, einige Jahrzehnte lang sowohl in bezug auf Wohlstand als auch bezüglich Freiheit gute Ergebnisse gebracht.
Das ist heute nicht mehr so. Die modernen Gesellschaften leiden unter zunehmender Ungleichheit, Arbeitslosigkeit und unter einer sozialen Verhärtung, was – nicht ausschließlich, aber zu einem guten Teil – damit zu erklären ist, daß die vorherrschende neoliberale Wirtschaftspolitik von echter Marktwirtschaft nichts versteht. Zum einen hat sie von der Marktwirtschaft ein viel zu doktrinäres, unpolitisches und unhistorisches Verhältnis. Zum anderen kennt sie noch nicht einmal die Grundlagen der neoklassischen Wirtschaftstheorie. Anders und polemischer formuliert: Die meisten Probleme mit der Marktwirtschaft kommen nicht vom Markt, sondern daher, daß die Neoliberalen den sozialen Kontrakt der Marktwirtschaft klammheimlich aufgekündigt haben.
Der dritte Teil ist dem Versuch gewidmet, ein paar Grundlagen für einen modernen Wirtschaftsliberalismus zu legen, der versuchen müßte, eine Wirtschaftsverfassung zu gestalten und eine Wirtschaftspolitik durchzusetzen, die sich ganz an den Zielen des politischen Liberalismus orientiert. Marktwirtschaft (beziehungsweise ihre Grundpfeiler, das Eigentum und die Handels- und Gewerbefreiheit) kann also kein Dogma und kein Selbstzweck sein. Markt und Eigentum sind nur insofern wichtig, als sie dazu beitragen, die Ziele einer liberalen Wirtschaftspolitik zu erreichen und die Freiheit des Ein-

zelnen in der Gesellschaft sichern und die Effizienz der Wirtschaft fördern.
Weiterhin sollte ein moderner Wirtschaftsliberalismus von einem modernen, d. h. erweiterten Begriff der Wirtschaft ausgehen. Wirtschaft ist nicht (nur) das, was auf dem Markt und gegen Geld geschieht – und deshalb ins Bruttosozialprodukt eingeht, Wirtschaft ist weniger und zugleich viel mehr. Sie umfaßt alle Tätigkeiten, welche das körperliche Wohlergehen und die seelische Entfaltung der Menschen fördern. Diese umfassende Wertschöpfung kann nicht ausschließlich vom Markt koordiniert werden, sondern sie braucht dazu auch den Staat und die Gemeinschaft. Der moderne Wirtschaftsliberalismus hat die Aufgabe, diese drei Sphären der Wirtschaft optimal aufeinander abzustimmen, und zwar nicht nur, um die Produktionskraft der (umfassend verstandenen) Ökonomie zu maximieren, sondern vor allem auch, weil das Gleichgewicht der Kräfte von Gemeinschaft, Wirtschaft und Staat eine Voraussetzung für die individuelle Freiheit ist.

I
Der neoliberale Verrat an der Freiheit

Eine neue Religion entsteht

Die Welt ist komplex – und dennoch muß man sich in ihr zurechtfinden. Vereinfachende Theorien sind deshalb unerläßlich – das gilt ganz besonders für gesellschaftliche Phänomene wie die Wirtschaft. Doch simple Theorien sind auch gefährlich, denn sie formen die Welt mit, die sie eigentlich nur erklären sollen. Damit aber entscheiden sie automatisch auch über Verteilungsfragen. Sie werden zum intellektuellen und materiellen Besitzstand – und entziehen sich dadurch der rein intellektuellen und wissenschaftlichen Auseinandersetzung. Wenn sie die sich verändernde, komplexe Wirklichkeit nicht (mehr) hinreichend erklären, werden sie leider nicht einfach zu den Akten gelegt und durch eine bessere ersetzt. Sie sterben nicht einfach, sie verwandeln sich in ihrer Endphase zuerst noch in eine Religion.
Die Rede ist vom Neoliberalismus, dem klaren Punktsieger in Fragen weltumspannender Heilserwartungen. Zwar wäre diese Wirtschaftsphilosophie, sofern sie denn klar formuliert werden könnte, im Volk schwerlich mehrheitsfähig, und sie ist auch in Kreisen der Sozialwissenschaftler (bis hin zu den Ökonomen) keineswegs unumstritten. Doch überall dort, wo wirtschaftspolitische Entscheide gefällt und vorbereitet werden, in den Zentralbanken, bei den internationalen Wirtschaftsorganisationen wie OECD, WTO, dem Internationalen Währungsfonds und bei den nationalen Regierungen, sind die Glaubenssätze des Neoliberalismus zumindest ein kaum zu überwindendes Hindernis. Wer seine politische, wirtschaftliche oder soziale Karriere nicht gefährden will, muß glauben,
• daß der Markt das effizienteste aller Verteilsysteme ist;

- daß ein Land nur wachsen und gedeihen kann, wenn es seine Grenze für Importe weit öffnet;
- daß die Öffnung der Märkte letztlich allen nützt;
- daß der globale Kapitalmarkt möglichst ungehindert funktionieren muß, weil auf diese Weise das Kapital dort eingesetzt wird, wo es weltweit den größten Nutzen bringt;
- daß die Inflation mit allen Mitteln bekämpft werden muß – unter anderem auch mit Hilfe einer Arbeitslosenquote, die alle Gelüste auf Lohnforderungen im Keime erstickt.

Es ist nicht zu bestreiten, daß in all diesen Glaubenssätzen zumindest ein Körnchen Wahrheit steckt. Der durch den Markt angestachelte Wettbewerb hat historisch gesehen zweifellos zu einer besseren Güterversorgung beigetragen. Doch es gibt eine wichtigere Testfrage: Welchen Beitrag leistet das neoliberale Wirtschaftssystem zur Entfaltung der individuellen Freiheit? Die Frage wird selten gestellt – weil man sich die Freiheit offenbar bloß als Konsumfreiheit vorstellen kann.

Im Neoliberalismus geschieht alles Gute durch den Markt – mit Ihm, durch Ihn, in Ihm. Der Glaube an die Erlösung durch mehr Markt hat bereits religiöse Züge angenommen. Es stehen heute offensichtlich zwei Religionen miteinander im Widerstreit. Während die eine früher die religiöse Basis ihrer Moral als Grundlage ihres gesellschaftlichen Einflusses betrachten konnte, hat die neue «Religion» andere Qualitäten zu bieten. Am Ende eines politischen und geistesgeschichtlichen Prozesses von zwei Jahrhunderten bleiben abgeschlackt und mager einige politische Positionen übrig, die sich wie ein neoliberales Credo ausnehmen. Auch die neoliberalen Apologeten beweisen die (Zirkel-)Schlüssigkeit ihrer Behauptungen nicht, sie arbeiten lieber mit jener Mischung von Verheißungen und Drohungen, die zum Stammarsenal religiöser Bewegungen gehören.

Wie die Religion operieren auch die Neoliberalen mit der Angst und dem Versprechen auf Erlösung. Bei der Kirche ist oder war es die Angst vor dem Fegefeuer und der Hölle. Auch der Neoliberalismus bietet Erlösung an. Allerdings liegt seine

Erlösung auf einem dem Tod vorgelagerten Feld, und seine Teufel haben keine Hörner und Pferdehufe. Sie haben Schlitzaugen und meist eine gelbe oder dunkle Hautfarbe und sind vor allem bereit, für sehr wenig Geld sehr hart zu arbeiten. Gegen diese Konkurrenten, so die Theologie des Neoliberalismus, kämpfen wir um unser Überleben, und wir werden diesen Überlebenskampf nur gewinnen, wenn die größtmögliche Ellenbogenfreiheit herrscht.

Daß die neue Religion ihre Jünger gefunden hat, zeigt der Zulauf zu den Börsen. Um ihre Kundschaft zu retten, müßte die Kirche schon ein Joint-venture mit der Börse eingehen und in allen Seitenaltären Börsenbildschirme aufstellen. Offenbar ist die Furcht vor diesseitigen Leiden heute noch größer als die Angst vor dem, was nach dem Tod kommt. Obwohl die Arbeitsteilung immer extremer wird und damit auch die gegenseitige Abhängigkeit wächst, hat die moderne Industriegesellschaft aus den Korporationen einer verfaßten Ordnung Individuen herausgelöst, die ihr Leben selbst verantworten müssen. Damit ging – bei allen Unabwägbarkeiten, die es früher auch gab – ein Stück Sicherheit verloren.

Das irdische Leben der Menschen war früher viel klarer vorgezeichnet als heute. Man konnte oder mußte damals damit rechnen, ungefähr so zu leben, wie es die Vorfahren taten. Berufswahl und Karriereplanung spielten damals keine Rolle. Und wenn Schicksalsschläge wie Krankheiten oder Hungersnöte dazwischenkamen, dann war dies eben ein Werk Gottes und somit eine Domäne der Kirche.

Heute ist das anders. Das materielle Auskommen hängt nicht mehr im wesentlichen von der eigenen Gesundheit, der der Familie und von Naturereignissen – und somit letztlich von Gott – ab, sondern vom «Markt». Und ein weiterer Umstand kommt hinzu, die immer längere Lebensphase zwischen aktiver Erwerbsarbeit und Tod. Früher waren die Menschen meist bis zu ihrem Tod wirtschaftlich aktiv oder doch zumindest in die Produktionseinheit Familie eingebunden. Heute klafft zwischen Pensionierung und Tod eine Lücke von zwanzig bis vierzig Jahren. Mit anderen Worten: Die produktive Zeit des

Menschen muß derart ergiebig organisiert sein, daß sie auch die unproduktive Zeit wirtschaftlich absichert.

Solche Durststrecken gab es früher auch, beispielsweise für Kranke. Doch heute sind die Wegstrecken der Abhängigkeit länger und häufiger geworden, und die Wegzehrung stammt aus sehr viel anonymeren und unberechenbareren Institutionen.

Wer heute in Würde alt werden will, hat prinzipiell zwei Möglichkeiten, Ansprüche auf Zukunftskonsum zu erwerben: Er kann am Kapitalmarkt privat Aktien und Obligationen sammeln – und hoffen, daß er diese später einmal gegen Nahrung, Wohnung und Pflege eintauschen kann. Er kann zweitens unter verschiedenen Titeln Ansprüche gegenüber dem Staat anmelden und hoffen, daß die Versprechungen von einst in Zukunft noch eingehalten werden können. («Unsere Renten sind sicher.») Das ist, so oder so, eine recht ungemütliche Lage.

Wir haben also einigen Anlaß, noch mehr verunsichert zu sein als unsere Vorfahren. Im Vergleich zum Lieben Gott ist der weltweite Markt undurchschaubar, und außerdem ist er nicht lieb. Das gibt den Hohepriestern dieses Marktes – all jenen, die an seinen Schalthebeln sitzen oder die vorgeben, sein Funktionieren zu durchschauen – eine gefährliche Macht.

Die Anfänge des Neoliberalismus

Die Religion dieser neuen Machtelite heißt Neoliberalismus. Geistesgeschichtlich gesehen ist der Neoliberalismus ein später Abkömmling des klassischen Wirtschaftsliberalismus, dessen marktwirtschaftliche Grundlagen anno 1776 von Adam Smith (1723–1790) in «Wealth of Nations» erstmals umfassend niedergeschrieben worden sind und der im neunzehnten Jahrhundert, von England ausgehend, das europäische Denken geprägt hat. Der Wirtschaftsliberalismus wiederum kann als eine Unterabteilung des politischen Liberalismus gesehen werden. Auch hier seien als Orientierungsgröße ein Name, ein Buch und eine Jahreszahl genannt – John Locke, «Two Treatises of Government», 1690.
Der Name John Locke (1632–1704) steht für die Idee, daß alle Menschen gleiche, natürliche (und deshalb unverzichtbare) Rechte haben. Dieser Gedanke der Aufklärung richtet sich gegen den absolutistischen Anspruch, daß es unter den Menschen einige gibt, die mehr Rechte haben als die andern und die deshalb den andern vorschreiben dürfen, was Recht sei. Wenn aber der Staat nicht durch einen absoluten Herrscher regiert und zusammengehalten wurde, wie dann? Die Antwort der Aufklärung auf diese Frage war der Gesellschaftsvertrag – ein Begriff, der in der Schweiz und in Frankreich vor allem mit Jean-Jacques Rousseau verbunden ist, der 1762 das Buch «Le contrat social» geschrieben hatte.
Der Staat im Sinne Lockes und Rousseaus kommt also durch einen Vertrag gleichberechtigter Bürger zustande. Doch noch etwas anderes unterscheidet den liberalen Staat von seinen absolutistischen und feudalen Vorgängern – seine Macht gegenüber den freien Bürgern ist eng begrenzt. Im Gesellschafts-

vertrag gemäß Locke können nur solche Abmachungen vereinbart werden, welche die natürlichen Rechte der Bürger auf Leben, Freiheit und Eigentum schützen. Notfalls, so Locke, dürfen sich die Bürger im Namen der individuellen Freiheit gegen einen tyrannischen Staat zur Wehr setzen, und zwar auch dann, wenn dieser Staat demokratisch legitimiert ist.
Wie ist nun aus diesen liberalen Grundgedanken in gut zweihundert Jahren der Neoliberalismus entstanden? Für den Wirtschaftsethiker Professor Peter Ulrich von der Hochschule St. Gallen ist die Auseinandersetzung um den Gesellschaftsvertrag eine Geschichte des gewollten Mißverständnisses um seinen Inhalt. Genauso wie der Staat auf einem Vertrag zwischen den Bürgern beruht, läßt sich auch die Wirtschaft als ein Geflecht von Verträgen erklären. Jeder Tausch – sei es von Ware gegen Ware, Ware gegen Geld oder Geld gegen Arbeit – ist ein Vertrag, der nur dann zustande kommt, wenn er für beide Partner vorteilhaft ist.
Mit Hilfe dieser Analogie läßt sich der Markt in überzeugender Weise als Verlängerung, ja gar als Vollendung der Demokratie darstellen. Vom österreichischen Ökonomen Joseph Schumpeter (1883–1950), der diesen Gedanken als erster konsequent formuliert hat, ist dazu folgendes Zitat überliefert: «Es gibt keine demokratischere Institution als den Markt.» Die auch heute wieder oft gebrauchte Redewendung, wonach der Markt eine laufend stattfindende Abstimmung darstelle, dürfte auf den österreichischen Ökonomen und Mitgründer der ordoliberalen Denkschule, Ludwig von Mises (1881–1973), zurückgehen, der schon 1940 den Markt wie folgt demokratisch verbrämte: «Der Markt bildet eine Demokratie, bei der jeder Pfennig einen Stimmzettel darstellt. Die demokratische Wahlordnung mag eher als ein unzulänglicher Versuch angesehen werden, im politischen Leben die Marktverfassung nachzubilden.»
Die Gleichsetzung von Gesellschaftsvertrag und Kaufvertrag beziehungsweise die moralische Überhöhung des Kaufvertrages beruht jedoch, wie Ulrich anmerkt, auf zwei grundlegenden Denkfehlern. Zum einen sind der Kaufvertrag und der Gesell-

schaftsvertrag Begriffe auf grundsätzlich verschiedenen Ebenen. Im Kaufvertrag nutzen zwei Individuen die Gunst der Stunde zur gegenseitigen Vorteilnahme. Im Gesellschaftsvertrag legen die Bürger eines Staates die Spielregeln fest, die sie für geeignet halten, Würde, Freiheit und Eigentum grundsätzlich gleichberechtigter Menschen über den Tag hinaus zu wahren.
Der zweite Denkfehler bei der Gleichsetzung von Demokratie und Markt liegt im Begriff des Vorteils. Ob ein Tausch für die Beteiligten vorteilhaft ist, hängt von der Ausgangslage ab. Für einen mittellosen und arbeitslosen Mann mag ein Hungerlohn im Vergleich zur Alternative des Verhungerns vorteilhaft sein. Dennoch kann durch einen solchen – für beide Seiten vorteilhaften – Vertrag sowohl die Gerechtigkeit als auch die Menschenwürde verletzt sein. Aus der Sicht der Marktökonomie ist dies jedoch kein Thema, denn ihr geht es nur um die relativen Veränderungen. Die Ausgangslage spielt keine Rolle.
Der bürgerliche Staat der Aufklärung trägt also von Anfang an den Keim des reinen Besitzbürgertums in sich. Die Gefahr des Abgleitens vom politischen Liberalismus in antipolitischen Neoliberalismus droht an allen Ecken und Enden. Peter Ulrich demonstriert das am Beispiel des *Homo Oeconomicus,* einer Kunstfigur, die ursprünglich als eine Art Dummy in einem intellektuellen Elch-Test in den Instrumentenkasten der klassischen Wirtschaftstheorie aufgenommen wurde. Ähnlich wie man beim Test neuer Autos plötzlich einen imaginären Elch über die Straße laufen läßt, um das Verhalten im schlimmstmöglichen Fall zu testen, fragt sich der Ökonom im H-O-Test, wie sich bestimmte soziale Regeln und Institutionen auswirken unter der (schlimmstmöglichen) Annahme, daß es sich bei allen Beteiligten um reine *Homini Oeconomici* handelt, die ausschließlich auf ihren unmittelbaren Eigennutz bedacht sind. Die zu prüfenden Institutionen haben den Test bestanden, wenn sie auch unter diesen Umständen den Eigennutz in Allgemeinwohl umwandeln.
Das tönt alles ziemlich wissenschaftlich und wertneutral. Doch welchem sozialen Zweck dient eigentlich dieser Test? Beim Elch-Test werden nur solche Autos zum Verkehr zuge-

lassen, deren Insassen den schlimmstmöglichen Fall (Elch rennt über die Straße) heil überstehen. Beim H-O-Test wird der analoge Zweck zwar nicht offen angestrebt, doch allein die Existenz eines solchen Tests verführt dazu, die Gesellschaft so zu organisieren (d. h. nur entsprechende Regeln zuzulassen), daß ein egoistisches Verhalten keinen sozialen Schaden anrichten kann. Eine solche Gesellschaft aber braucht keine Moral mehr. Sie stellt jedermann einen Freibrief zum egoistischen Verhalten aus, oder, um Ulrich zu zitieren: «Den beteiligten Individuen soll kein anderes Ethos als das des besitzbürgerlichen Egoismus zugemutet werden.»

Das ist selbstverständlich nicht die Idee des politischen Liberalismus, und auch Adam Smith, der Begründer des Wirtschaftsliberalismus, hatte sich die Marktwirtschaft anders vorgestellt. In seiner Theorie der ethischen Gefühle schreibt er: «Gerechtigkeit ... ist der Hauptpfeiler, der das ganze Gebäude stützt. Wenn dieser Pfeiler entfernt wird, dann muß der gewaltige Bau der menschlichen Gesellschaft in einem Augenblick zusammenstürzen. Darum hat die Natur, um die Beobachtung der Regeln der Natur zu erzwingen, jenes Schuldgefühl eingepflanzt, jene Schrecken des Bewußtseins, Strafe zu verdienen, die der Verletzung der Gerechtigkeit folgen, damit sie die Schutzwächter der Gemeinschaft der Menschen seien – die Schwachen zu schützen, die Ungestümen zu zähmen und die Schuldigen zu züchtigen.»

Allein schon die ungewohnte Wortwahl dieses Bekenntnisses zur Gerechtigkeit vermittelt dem heutigen Leser ein Gefühl dafür, wie sehr die Menschen jener Zeiten noch den bürgerlichen Tugenden verhaftet waren. Für Smith bildeten sie ein selbstverständliches – und deshalb fast nie ausdrücklich erwähntes – Fundament seiner wirtschaftspolitischen Theorien. Diese Unterlassungssünde hat zweifellos dem protestantischen Wirtschaftsethos die Ausschaltung der Moral aus der Wirtschaft – beziehungsweise die Gleichsetzung von Tugend und wirtschaftlichem Erfolg – ein wenig erleichtert. Wenn, wie Smith behauptet, eine unsichtbare Hand dafür sorgt, daß sich Eigennutz in Gemeinwohl wandelt, dann liegt es nahe, die

Anhäufung von Reichtum als «gottgewollt» zu sehen und auch die zu diesem gottgefälligen Zweck notwendigen Mittel ganz generell, d. h. ohne nähere moralische Prüfung, für heilig zu erklären.

Aus all diesen Gründen hat der politische Liberalismus – vielleicht mit Ausnahme seiner rebellischen Phase, als er noch gegen eine feudale Obrigkeit kämpfte – schon immer Mühe gehabt, sich vom konservativen Besitzbürgertum zu unterscheiden. Was heute Neoliberalismus genannt wird, ist jedoch erst im letzten Viertel dieses Jahrhunderts entstanden, als (wirtschafts-)politische Reaktion auf die mit hoher Inflation verbundene Stagnation der Ölschock-Jahre. Auf der politischen Bühne verkörpern in erster Linie US-Präsident Ronald Reagan und die konservative und kleinbürgerliche britische Premierministerin Margaret Thatcher den Neoliberalismus. Auf der intellektuell-ideologischen Ebene werden insbesondere die beiden Ökonomen Friedrich Hayek und Milton Friedman und deren drei Hauptwerke «Wege zur Knechtschaft» (Hayek 1944) sowie «Capitalism and Freedom» (Friedman 1962) sowie 1988 «Free to Choose» genannt.

Die neoliberale Schule darf allerdings nicht mit ihrem ordoliberalen Pendant verwechselt werden, für welches vor allem die deutschen Begründer der sozialen Marktwirtschaft stehen: Walter Eucken, Wilhelm Röpke, Alfred Müller-Armack oder Ludwig Erhard. Auch sie traten zwar klar für eine marktwirtschaftliche Ordnung ein – zuweilen bis hin zur unkritischen Verklärung. Dennoch ist der Ordoliberalismus nicht grundsätzlich gegen den Staat und gegen die Politik. Er lehnt im Gegenteil den Laisser-faire-Liberalismus des neunzehnten Jahrhunderts deutlich ab und setzt sich statt dessen für einen zwar schlankeren, aber starken Staat ein – einen Staat, der mit Hilfe einer griffigen Antikartellgesetzgebung nicht nur den Markt funktionstüchtig erhält, sondern sich auch um den sozialen Ausgleich bemüht. Der soziale Zusammenhang und die bürgerlichen Tugenden sind für die Ordoliberalen – ganz im Sinne des Moralphilosophen Adam Smith – Werte, die es zu pflegen gilt.

Genau wie der Liberalismus in seinen Anfängen eine Philosophie der Hoffnung auf eine materiell bessere und politisch freiere Welt war, so ging es auch den Ordoliberalen nach dem Zweiten Weltkrieg darum, die Gesellschaft im Hinblick auf eine bessere Zukunft neu zu organisieren. Dem Neoliberalismus hingegen fehlt jeder Wille zur Gestaltung, statt dessen unterwirft sich diese Logik total dem Gesetz des Marktes. Er ist eine Ideologie der Anpassung, der Angst und der Hoffnungslosigkeit. «Wir müssen den Gürtel enger schnallen. Wir haben keine andere Wahl.»

Dieser veränderte Wirtschaftsliberalismus hat seit dem Untergang des Kommunismus die geistige Luftherrschaft erst über den Direktionsetagen, dann über den Ratssälen und schließlich auch über den Stammtischen errungen. Im Gegensatz aber zum Wirtschaftsliberalismus, der sich den Staat nur insofern zum Feindbild genommen hat, als dieser die Wirtschaftsfreiheit der Individuen begrenzt, lehnt der Neoliberalismus nicht nur den Staat ganz grundsätzlich ab, sondern auch die Politik schlechthin. «There is no such thing as a society» (so etwas wie «Gesellschaft» gibt es nicht), soll die britische Premierministerin Margaret Thatcher gesagt haben. Frau Thatcher gilt als Speerspitze des Wirtschaftsliberalismus, und dieser Satz wird in wirtschaftsliberalen Kreisen oft und zustimmend zitiert. Nun ist es zwar richtig, daß der Liberalismus das Individuum im Zweifelsfall höher gewichtet als die Gesellschaft. Das heißt aber noch lange nicht, daß eine Ideologie, welche die Gesellschaft verneint und damit auch die Politik ablehnt, noch immer liberal genannt werden kann. Ganz im Gegenteil.

Der echte, der politische Liberalismus setzt sich die freie Entfaltung des Individuums zum Ziel. Als soziales Wesen entfaltet sich der Mensch aber vor allem in der Gesellschaft, und damit ist auch klar, daß Freiheit immer auch eine Frage der Machtverteilung und der Gleichheit ist. Für den politischen Liberalen ist deshalb Gleichheit nicht eine Antithese zur Freiheit, sondern vielmehr ihre Voraussetzung. Nur als Gleicher unter Gleichen ist man wirklich frei, wobei Gleichheit hier natürlich im Sinne der Ebenbürtigkeit verstanden werden muß und nicht als Gleichheit von Einkommen und Vermögen.

Den Neoliberalen hingegen ist allein schon die Verteilungsfrage an sich suspekt, geschweige denn jede Forderung nach einer fairen, gerechten oder gar gleichen Verteilung. So lehnt etwa Friedrich A. Hayek, Nobelpreisträger für Ökonomie und einer der Gründerväter des Neoliberalismus, schon den bloßen Begriff der «gerechten Verteilung» ab. Ebensogut, so meint er, könne man von einem «gerechten Stein» reden.

Hayek begründet dies damit, daß die Festlegung einer gemeinsamen Gerechtigkeitsnorm notwendigerweise dazu führe, daß eine Mehrheit über eine Minderheit oder gar eine Minderheit über eine Mehrheit bestimmen müsse, was zwangsläufig einen Eingriff in die persönliche Freiheit bedinge. Außerdem ist Hayek überzeugt, daß jeder Schritt zu einer staatlich verordneten Umverteilung die Gesellschaft auf eine schiefe Bahn führe, die zwangsläufig im Kommunismus enden müsse.

Dem setzt Hayek den Marktmechanismus entgegen, der gleichsam als Naturkraft eine natürliche (man könnte auch sagen gottgewollte) Verteilung bewirke. Diese Verteilung sei zwar auch nicht die, die sich alle gemeinsam wünschten, sie habe aber den Vorteil, letztlich doch für alle akzeptabel zu sein, und zwar deswegen, weil ihr kein willkürlicher Entscheid irgendeiner politischen (und deshalb im Gegensatz zum Markt anfechtbaren) Instanz zugrunde liege.

All dies bedeutet jedoch nicht, daß der Neoliberalismus die oben erwähnten Ziele der größtmöglichen persönlichen Entfaltung bewußt oder gar grundsätzlich ablehnt. Er nimmt dazu einfach keine Stellung. Letzte Ziele sind für den typischen Neoliberalen keine Denkkategorien, über die zu streiten es lohnt. Er (oder viel seltener sie) kümmert sich fast ausschließlich um die Mittel, von denen er weiß, daß nur eines zum Ziele führt. Der typische Neoliberale glaubt aus mittlerweile historischer Erfahrung zu wissen, daß sein System das bestmögliche ist und daß jede Abweichung von diesem System unweigerlich in die Knechtschaft führt.

Gerade der Umstand aber, daß die Neoliberalen die Marktwirtschaft als ein labiles und ständig gefährdetes System betrachten, gefährdet nun seinerseits die individuelle Freiheit, die ursprünglich ja der Zweck des ganzen Konstrukts war. Um die Marktwirtschaft nicht zu gefährden beziehungsweise um das «Überleben» im Wettbewerb zu sichern, muß der Mensch einem ganz speziellen Menschenbild entsprechen: Er muß flexibel sein, geistig wendig, geographisch mobil, muß jede berufliche Herausforderung freudig annehmen, und das Wohl des Unternehmens muß ihm mehr am Herzen liegen als persönliche Bindungen – die er nach der Pensionierung mit fünfundfünfzig noch mehr als genug pflegen kann.

Eine sonderbare Fiktion, die mehr nach «Brave New World» und Totalitarismus als nach Freiheit klingt. Von freier Entfaltung kann man da nur dann reden, wenn man davon überzeugt ist, daß die Individuen ohnehin nichts anderes als «nutzenmaximierende Wirtschaftssubjekte» sind. Der Menschentypus, der ins neoliberale System paßt, ist in der Tat ein ziemlich freischwebendes Wesen. Er oder sie – oder vielleicht sollten wir eher von einem «es» sprechen – ist räumlich absolut mobil, kennt also kein Heimweh und kann Freundschaften flexibel immer wieder auflösen oder neu knüpfen. Es ist vor allem absolut rational und nimmt es nie persönlich, wenn beispielsweise sein Wert am Arbeitsmarkt sinken sollte oder wenn es in seiner Eigenschaft als Produktionsfaktor durch Kapital substituiert werden sollte.

Nun gibt es zwar nur wenige Menschen, die diesem Ideal entsprechen, und auch diese halten es meist nur wenige Jahre aus (und auch dies nur mit intensiver psychologischer Betreuung und psychopharmakologischer «Ergänzung»). Aber gerade die Tatsache, daß der neoliberale Mensch in der freien Natur so selten vorkommt, macht das neoliberale Konzept für seine Verfechter derart unantastbar. Niemand kann widerlegen, daß das System nicht vielleicht doch funktionieren würde, wenn die Menschen endlich seinen Anforderungen entsprächen. Nicht vergebens schwafeln die Neoliberalen so gerne vom «notwendigen Umdenken», vom «notwendigen Abschiednehmen von liebgewordenen Gewohnheiten», vom «notwendigen Mentalitätswandel». Wenn die Theorie zur Norm wird, ist die Theorie immer richtig, nur der Mensch ist fehlbar.

Freiheit und politischer Liberalismus

Wirtschaftssysteme werden heute meist danach beurteilt, ob sie Wirtschaftswachstum und Beschäftigung sichern. Das erste Beurteilungskriterium ist zwar nicht unwichtig, aber letztlich doch eher nebensächlich. Dem zweiten Kriterium liegt – wie später noch zu zeigen sein wird – ein Denkfehler zugrunde. Wichtiger ist jedoch eine dritte Frage, die leider nur selten gestellt wird: Was trägt die heutige Wirtschaftskultur zur individuellen Freiheit und zur persönlichen Entfaltung der Menschen in der Gesellschaft bei? Bei der Beantwortung dieser liberalen Gretchenfrage spielt die Stellung der bezahlten Arbeit in der Gesellschaft eine entscheidende Rolle. Wie frei oder unfrei sich jemand fühlt, hängt nicht zuletzt davon ab, wie der Arbeitsmarkt organisiert ist.

Doch fangen wir beim Grundsätzlichen an. Wer von Freiheit spricht, meint das Verhältnis der Einzelnen zur Gesellschaft und umgekehrt. Der politische Liberalismus geht dabei grundsätzlich davon aus, daß der Einzelne höher zu bewerten sei als die Gemeinschaft. Echte Liberale haben schon im Lateinunterricht aufbegehrt, als sie dort lernen mußten, daß es süß sei, für das Vaterland zu sterben. *Dulcum est, pro Patria morire.*

Ein Vaterland, und mag es noch so hehr sein, gilt einem Liberalen nie mehr als das Leben oder die Würde eines Einzelnen. Der Faschismus ist in diesem Sinne natürlich eine antiliberale Ideologie. Der Ausdruck «Faschismus» kommt vom lateinischen *fasce* (Bündel) und symbolisiert, daß das Ganze stärker und wichtiger ist als der einzelne Teil. Redensarten wie die vom «gesunden Volkskörper» verweisen deutlich auf die ameisenstaatliche Stoßrichtung des Faschismus. So wie es dem

Körper insgesamt besser gehen kann, wenn notfalls ein entzündeter Blinddarm herausgenommen oder ein Raucherbein abgeschnitten wird, so blüht das Volk auf, wenn seine feindlichen Elemente eliminiert werden.
Auch im Kommunismus wird das kollektive Element stark betont. Hier ist die Arbeiterklasse das Bündel, das stärker als der Einzelne ist. Und ohnehin ist der Einzelne nur Werkzeug einer Vorsehung, einer determinierten historischen Entwicklung. Alles, was den unvermeidlichen historischen Ablauf beschleunigt, ist gut. Wer ihm im Wege steht, ist selber schuld. Stalin hatte Hunderttausende geopfert, die sich dem Vormarsch der Arbeiterklasse in den Weg gestellt hatten. Er hat sich dabei – so müssen wir annehmen – nie als Schlächter gefühlt, sondern als Werkzeug der historischen Vorsehung.
Nicht immer tritt der Totalitarimus so offen auf. Auch die Zeitgenossen von Hitler und Stalin haben den menschenverachtenden Zug dieser Regimes offenbar nicht so stark empfunden, wie wir dies heute tun, zumindest nicht von Anfang an. Sonst hätten die beiden Despoten wohl nie diese Machtfülle erreichen können. Für die Zeitgenossen der konkreten Epoche sind die Dinge selten so scharf konturiert, wie sie sich in der Rückblende darstellen.
Das kann auch gar nicht anders sein, denn der Wunsch, sich in einer Gruppe wohlzufühlen, ist ebenso Teil der menschlichen Natur wie das Bedürfnis, sich für eine gute Sache einzusetzen oder allenfalls auch aufzuopfern. Wo immer Menschen zusammentreffen, gibt es etliche, die führen wollen, viele, die sich nicht ungern unterordnen, und einige ganz Besondere, die großen Wert darauf legen, von der Gruppe als Individualisten geschätzt zu werden. In diesem Sinne, so könnte man ironisch formulieren, ist der Faschismus nie ganz auszurotten. (Er taucht immer wieder auf, und sei es nur im verräterischen Ausdruck «ausrotten».)
Damit kommen wir zu einer zweiten grundsätzlichen Feststellung: Der Liberalismus ist nicht einfach das Gegenstück von Faschismus oder Kommunismus. Zum einen trägt jede Philosophie, wenn sie zur Ideologie und zum Dogma wird,

einen totalitären Keim in sich. In diesem Sinne ist der globale Neoliberalismus die totalitäre Spielform des Liberalismus. Außerdem wäre eine Definition des Liberalismus als Gegenpol zum Faschismus oder Kommunismus an sich schon illiberal. Liberalismus heißt auch unvoreingenommene, respektvolle Diskussion, und diese wird verhindertt, wenn man die Gegenseite mit Etiketten beklebt, die jede Diskussion abschließen, bevor sie angefangen hat.

Und schließlich: Es ist billig und gefährlich, in erster Linie nicht für, sondern gegen etwas zu sein. Der Liberalismus war allerdings schon immer der Gefahr ausgesetzt, sich vorwiegend als Gegner irgendeiner als antiliberal bezeichneten Kraft oder Strömung zu definieren. Ursprünglich waren dies vor allem der Adel und die feudale Ordnung, die in der Tat die persönlichen Freiheiten stark eingeschränkt hatten. Auch die Kirche gehört zu den Institutionen, die dem Liberalismus mit ihrer Engstirnigkeit Gelegenheit gegeben haben, sich ohne allzu große intellektuelle Anstrengung ein Profil zu verschaffen. Und schon immer hat natürlich die staatliche Gewalt in all ihren Spielformen den Liberalismus herausgefordert.

Freiheit für wen und von wem?

Der Staat, die Kirche, der Adel, die Polizeigewalt, die Armee, der Pöbel. Der Liberalismus hat viele Feindbilder, doch sein allergrößter Feind ist justament das Feindbild. Wo Menschen durch ein gemeinsames Feindbild zusammengeschweißt werden, keimt der Haß und stirbt der freie Gedanke. Deshalb kann sich nur wirklich liberal nennen, wer es fertigbringt, den Liberalismus positiv zu formulieren. Zum Beispiel so:
«Liberalismus heißt Einsatz für die größtmögliche Freiheit des einzelnen Menschen und Wahrung der menschlichen Würde in jeder gegebenen und sich verändernden gesellschaftlichen Situation. Liberalismus bedeutet demgemäß Freiheit und Menschenwürde der größtmöglichen Zahl. Freiheit und Gleichheit sind nicht nur Gegensätze, sondern bedingen einander.»
Dieses Zitat stammt von Karl-Hermann Flach, einem der Gründerväter der bundesdeutschen liberalen Partei, der F.D.P. Nun könnte ein Neoliberaler, der bisher im Glauben war, Neoliberalismus habe etwas mit echtem Liberalismus zu tun, argwöhnisch werden und glauben, Flach sei ein verkappter Kommunist.
Wechseln wir deshalb in die Gegenwart, nehmen wir einen Gelehrten statt eines Politikers und vertauschen wir Deutschland mit den USA: David Johnston ist Professor für politische Wissenschaften an der Columbia University und hat in seinem Buch «The Idea of a Liberal Theory» versucht, die Quintessenz einer liberalen Politik in drei Punkten zusammenzufassen. Was dabei herausgekommen ist, liest sich, in einer verkürzten Fassung, ungefähr so:
Erstens soll eine liberale Gesellschaft ihre Mitglieder befähi-

gen, all die Fertigkeiten und das Wissen zu erlangen, die es ihnen möglich machen, selbstverantwortlich zu handeln und ein Gefühl für Gerechtigkeit zu entwickeln. Alle politischen und sozialen Vereinbarungen der Gesellschaft sollen danach beurteilt werden, ob sie der Entfaltung der einzelnen Menschen dienen.
Zweitens: Alle wichtigen Institutionen und Usancen einer liberalen Gesellschaft sollen berücksichtigen, daß alle Mitglieder der Gesellschaft ein gleichberechtigtes Interesse daran haben, über die nötigen Mittel für die Verfolgung ihrer individuellen Ziele und Lebenspläne zu verfügen. Damit sind nicht nur materielle Güter, sondern geistige Fähigkeiten, Rechte, Freiheiten und sozialer Status gemeint.
Drittens sollen die Güter einer liberalen Gesellschaft in dem Sinne fair verteilt werden, daß jeder genug davon hat, um gleichberechtigt an den gesellschaftlichen Belangen Anteil zu nehmen.
Wie man leicht erkennen kann, liegen Hermann Flach und David Johnston nicht weit auseinander. Der politische Liberalismus scheint somit eine ziemlich klar definierte Sache zu sein. Er ist – um die drei Kernpunkte noch einmal zusammenzufassen – zum einen eine politische Philosophie, das heißt, er befaßt sich mit der Frage, wie die Gesellschaft organisiert sein muß, damit gewisse Ziele erreicht werden können. Zum andern hat der politische Liberalismus ein klares Ziel, nämlich die freie Entfaltung des Individuums in der Gesellschaft. Außerdem ergibt sich daraus zwingend das Postulat der Gerechtigkeit und Gleichheit. Daß dieses Postulat auch von vielen Linken unterschrieben würde, braucht für die Liberalen kein Grund zur Sorge zu sein. Der Unterschied zwischen links und liberal besteht darin, daß Gleichheit für die Sozialisten Selbstzweck ist, während der Liberalismus nur soviel Gleichheit fordert, wie für die Konstituierung einer freien Gesellschaft nötig ist.
Der Liberalismus als politische Philosophie geht davon aus, daß es eine Gesellschaft gibt, die ihre politischen Institutionen hat und diese nach bestimmten Regeln weiterentwickelt. Wer

in dieser Gesellschaft Einfluß nehmen und Ziele verwirklichen will, muß dies über die Politik tun. Die Freiheit des Individuums braucht eine liberale Gesellschaftsverfassung und entsprechende politische Spielregeln. Diese sind nicht nur die Voraussetzung für die individuelle Freiheit, sondern auch deren wichtigster Zweck.

Peter Ulrich, der St. Galler Wirtschaftsethiker, hat dies wie folgt auf den Punkt gebracht: «Im Zentrum des republikanischen Liberalismus steht der Staatsbürger. Ich partizipiere an der Res publica, also bin ich.» Der Neoliberalismus hingegen meint den Besitzbürger. «Ich habe Privateigentum, also bin ich.» Den Gemeinschaftsbürger des klassischen Bürgerhumanismus beziehungsweise des modernen Kommunitarismus schließlich charakterisiert Ulrich mit dem Satz: «Ich spüre den Gemeinschaftsgeist, also bin ich.»

Das Bruttosozialprodukt oder: Worauf es nicht ankommt

Der Liberalismus ist eine politische Philosophie. Das bedeutet: Er stellt die Frage, nach welchen (politischen) Spielregeln eine Gesellschaft organisiert sein muß, damit sich alle ihre Mitglieder frei entfalten können. Beim Neoliberalismus stehen diese Fragen zumindest nicht im Vordergrund. Der Neoliberalismus setzt sich für möglichst hohe Wachstumsraten des Sozialprodukts ein, und er verspricht, für eine möglichst niedrige Inflation zu sorgen. Im Vergleich zu diesen Zielen ist alles andere nebensächlich. Gibt man sich damit nicht zufrieden, so ziehen sich die Neoliberalen auf ihre letzte Verteidigungsstellung zurück und behaupten ersatzweise, daß erst durch Wirtschaftswachstum die Voraussetzung für die Erfüllung höherer Ziele geschaffen werde.
Diese «Philosophie» findet offenbar großen Anklang. Zumindest in der Lebensphase zwischen dreißig und fünfundvierzig scheinen überraschend viele Menschen (Männer vor allem) die Steigerung des materiellen Einkommens (addiert ergibt das das Bruttosozialprodukt) zu ihrem höchsten Lebensziel zu machen. Diese Überbewertung des Materiellen kommt daher, daß man Geld zählen, aufaddieren und endlos aufbewahren kann, während die Alternativen zum Geldverdienen keinen zählbaren und bestenfalls einen flüchtigen Wert haben und deshalb meist erst in Betracht gezogen werden, wenn einen ein Herzinfarkt, eine Scheidung oder die Entlassung zwingt, auf ganz andere Art Bilanz zu ziehen.
Der amerikanische Management-Guru Oliver Blanchard («The One Minute Manager») rät, sich von der Diktatur der Zahlen und des Geldes mit folgendem Trick zu lösen: «Über-

lege mindestens einmal im Jahr, was auf deinem Grabstein stehen soll. Bereite deine eigene Grabrede vor und überlege, weswegen man sich gerne an dich erinnern soll.» Es ist ganz erstaunlich, wie sehr allein dieser Wechsel der Perspektive die Gewichte verschiebt. In einem Geschäftsbericht oder gar in einer Rede vor den versammelten Finanzanalysten mag es sich gut machen, wenn «unser Unternehmen unter der Ägide von Direktor Johann Müller den *Return on Equity* von fünf Komma acht auf acht Komma fünf Prozent erhöht hat». Dieselbe Performance nimmt sich jedoch auf dem Grabstein nur noch lächerlich aus. Oder möchte vielleicht jemand den Pfarrer von sich sagen hören: «... dank seinen immer wieder knallhart durchgezogenen Restrukturierungen ist es dem leider allzufrüh Verblichenen gelungen, sich unser aller Respekt ...»?

Geld ist nicht jedes Opfer wert. Dasselbe gilt auch für das Bruttosozialprodukt. Es mag zwar für ein Land gut sein, möglichst viel davon zu haben, doch nicht um jeden Preis. Doch wie wägt man das ab, wo liegt die optimale Kombination von Wohlstand und Anstand? Auch hier hilft wieder ein Gedankenexperiment weiter, das – in abgewandelter Form – bereits der politische Philosoph John Rawls angewandt hatte. Stellen wir uns vor, wir müßten mit unserem heutigen Leben abschließen und uns statt dessen für ein neues Leben in irgendeinem Land der Erde in irgendeiner Epoche entscheiden. Wir könnten uns zwar für ein Land entscheiden, nicht aber für eine bestimmte Existenz. Eine Entscheidung beispielsweise für die USA von heute würde bedeuten, daß einem aus dem Topf der dortigen zweihundertvierunddreißig Millionen real existierenden Existenzen irgendeine zugelost würde. Für welches Land also soll man sich entscheiden?

Das ist eine pädagogisch ungemein wertvolle Frage, denn sie führt uns direkt zum Kern jeder politischen Philosophie. Welche Umstände machen das Lebensglück aus, und welche politischen, gesellschaftlichen und wirtschaftlichen Verhältnisse beeinflussen diese Umstände?

Eines ist klar. Eine Rangliste nach dem Bruttosozialprodukt würde bei dieser Suche nach einer Antwort nicht sehr viel weiterhelfen. Beispielsweise deshalb, weil ein Bruttosozialprodukt von 80 000 Dollar pro Kopf auch so zustandekommen kann, weil das ärmste Fünftel nur 5000 erhält, die reichsten fünf Prozent hingegen je zwei Millionen. Und wenn jemand beispielsweise die Schweiz wählte, wäre sie dann nicht mit den sechziger Jahren besser bedient, obwohl damals das Sozialprodukt noch deutlich geringer war?

Vielleicht sollte man gleichsam hinten anfangen. Was wollen wir ganz sicher nicht? Algerien, Rußland, Zaire, Brasilien, Nordkorea, Kuba, Mitteleuropa im Dreißigjährigen Krieg oder Rom unter Caligula usw. fallen einem da wohl spontan ein. Krieg, Willkür und Existenzangst ist wohl das schlimmste Los, das man ziehen kann. Ferner würden wir wohl Staaten meiden, in denen die Chance groß ist, daß uns eine Existenz am Rande oder außerhalb der Gesellschaft zugelost wird. Schließlich würden sich wohl nur wenige freiwillig und kühlen Herzens dafür entscheiden, sich mitten in einer jener Menschenmengen wiederzufinden, die einst frenetisch Adolf Hitler, Mao, Lenin oder Evita Perón zugejubelt hatten. Mittendrin in der Gesellschaft, aber gerade deswegen irgendwie unfrei.

Das Experiment liefert zwar keinen eindeutigen Bauplan für eine ideale Gesellschaft. Aber es zeigt doch, daß wir uns sehr bald in gedanklichen Gefilden bewegen, die der politischen Philosophie viel näher stehen als der reinen Ökonomie. Das ist letztlich eine Frage der Perspektive. Aus dem Rawl'schen Blickwinkel der politischen Ökonomie wird schnell klar, daß Fragen der Verteilung, der Macht und jene der politischen Institutionen (ganz unabhängig davon, wie man sie im einzelnen beantwortet) für das persönliche Wohlbefinden eine entscheidende Rolle spielen. Wer hingegen die Struktur der Gesellschaft und seine eigene Stellung darin als gegeben und unabänderlich hinnimmt, der wird von dieser engen Warte aus nur noch sein persönliches wirtschaftliches Wohlergehen ins Auge fassen. Und wenn man überhaupt gesellschaftliche Bezüge herstellt, orientieren sich diese meist an abstrakten Größen wie dem Bruttosozialprodukt, den Arbeitslosenquoten oder Inflationsraten.

Kann Liberalismus apolitisch sein?

Es bleibt natürlich noch die Frage, ob, wer sich zum Liberalismus bekennt, gleichzeitig auch ein politischer Philosoph sein muß. Anders gefragt: Ist Liberalismus überhaupt abhängig von der politischen Organisation einer Gesellschaft, oder stellt sich der liberale Zustand nicht vielleicht gerade dann am besten ein, wenn jede politische Bevormundung der Individuen ausbleibt?

Dies scheint in der Tat ein weitverbreiteter Verdacht zu sein. Die Politik in ihrer Form als Parteipolitik, als Regierungstätigkeit oder Gesetzeserlaß stößt global auf wachsende Ablehnung. Diese antipolitische Grundströmung tritt in zwei Grundformen auf, im neoliberalen Globalismus und als populistischer Fundamentalismus, wobei hier wiederum zwei Untergruppen unterschieden werden können: der religiöse Fundamentalismus, der vor allem im arabischen Raum um sich greift und dort die Ansätze zu demokratischen Formen westlicher Art untergräbt, und der eher antipolitische Populismus, wie er in der Schweiz etwa von Christoph Blocher, in Österreich von Jörg Haider, in Frankreich von Jean-Marie Le Pen, in Italien von Silvio Berlusconi und in den USA unter vielen anderen von James Buchanan vertreten wird.

All diesen Fundamentalismen ist erstens gemeinsam, daß sie ganz stark auf Wir-Gefühle setzen. Blochers Schweizerische Volkspartei (SVP) etwa hat zu ihrem Einhundertfünfzig-Jahr-Jubiläum rund um «unser geliebtes Schweizerland» Höhenfeuer entfacht. Symbolische Handlungen treten an die Stelle der rationalen Diskussion. Zweitens setzt der Fundamentalismus auf das Feindbild einer *Classe politique*, die sich in ihren Eigeninteressen verstrickt, sich zu keinem mutigen Entscheid aufraffen kann und letztlich an allem Übel schuld ist. Drittens ist die fundamentalistische Antipolitik auf charismatische Führer angewiesen. Sie ganz allein füllen die programmatische Leere dieser Bewegungen aus.

Kurz: Der populistische Fundamentalismus aller Spielarten entspringt letztlich einer kollektivistischen Philosophie, die das Ganze vor das Individuum setzt und zuweilen dem Totalitarismus gefährlich nahe kommt.

Der neoliberale Globalismus hingegen scheint auf eine viel liberalere und wertfreie Art antipolitisch zu sein: Er appelliert nicht an das Wir-Gefühl, sondern an den Sachzwang. An die Stelle des charismatischen Führers tritt der MARKT. Und er lehnt die *Classe politique* nicht grundsätzlich ab, sondern stellt bloß fest, daß die beste Politik darin besteht, sich möglichst schnell und klaglos den Sachzwängen des globalen Marktes zu unterziehen.

Dennoch gibt es natürlich Parallelen zum Fundamentalismus, und diese legen die Frage nahe, ob es wirklich möglich ist, auf liberale Art apolitisch zu sein beziehungsweise den Liberalismus außerhalb der politischen Philosophie zu begründen. Um bei den oben erwähnten drei Merkmalen des antipolitischen Fundamentalismus zu bleiben: Könnte es nicht sein, daß die Manager, Broker und Vermögensverwalter die Frohe Botschaft von den Sachzwängen des Marktes nicht vor allem deshalb in alle Welt hinaustragen wollen, weil dies das Wir-Gefühl dieser zur Zeit herrschenden Klasse stärkt?

Für diesen Verdacht gibt es zahllose Belege. Die US-Finanzblätter liefern sie fast täglich. Vor allem das «Wall Street Journal» brilliert dabei immer wieder mit unfreiwilliger Komik. Beispielsweise erschien im Januar 1988 auf der Titelseite, mit länglicher Fortsetzung im Innenteil, ein Grundsatzartikel, in welchem das US-Kapitalistenblatt Gesamteuropa dazu gratulierte, daß es endlich die Segnungen eines «hard–noised capitalism» zu begreifen scheine. In scheinbar zwingender Logik wurde erläutert, daß angesichts der stagnierenden Löhne, wegen der ständigen Überalterung der Bevölkerung, und weil die Arbeitsplätze ohnehin bald alle wegrationalisiert würden,

der Kapitalertrag (und insbesondere die Aktiendividende) bald die einzige Lebensgrundlage Westeuropas sein werde.
(Im Rückblick und im Zeitraffer wird man das später wohl einmal so formulieren: In der einstigen Kornkammer Europa wurden gegen Ende des zweitens Jahrtausends nur noch Aktien angepflanzt.)
Doch weiter im Text des «Wall Street Journal»: Europa fange deshalb jetzt endlich an zu begreifen, daß ein hartgesottener Kapitalismus letztlich im wohlverstandenen Interesse aller liege, denn nur durch das schonungslose Ausnützen aller Sparmöglichkeiten könne jene Dividende erreicht werden, welche die Renten sicher mache und das Sozialprodukt steigen lasse.
In dieser pointierten Zusammenfassung ist der Artikel natürlich für jedermann erkennbar entweder ein kompletter Schwachsinn oder aber das größte ökonomische Wunder seit der Speisung der Zehntausend im Neuen Testament. Der Autor, der offensichtlich weder die Bibel gelesen noch irgendein ökonomisches Lehrbuch verstanden hat, meint es jedoch bitterernst und der Herausgeber wohl ebenso. Der Artikel – und viele ähnliche auch – artikuliert das Selbstverständnis jener Finanzleute, denen das ständige globale Verschieben von Millionen- und Milliardenbeträgen den Kopf verdreht und ihnen die Überzeugung gegeben hat, die *Masters of the Universe* zu sein. Der Ausdruck stammt vom amerikanischen Erfolgsautor Tom Woolfe, der ihn der Hauptfigur seines Buches «Fegefeuer der Eitelkeiten» in den Mund legt. Dieses Allmachtsgefühl ist sogar für den Leser einfühlbar. Der echte Wallstreet-Trader mit den echten Millionen auf dem Konto kann wohl gar nicht anders, als von seiner eigenen Machtfülle und Vollkommenheit begeistert zu sein.

Markt und Moral

Wer viel gibt, kann auch viel Aufopferung, Loyalität und Gehorsam verlangen. Oder von der anderen Seite her gesehen: Wes Brot ich eß, des Lied ich sing. Das gilt nicht nur für die Herren des Universums, sondern auch für die minderen Manager von der Lohnklasse 100 000 Schweizer Franken aufwärts. Der St. Galler Wirtschaftsethiker Professor Peter Ulrich und sein Assistent Ulrich Thiedemann haben 1991 mit sechzig Managern aus einem Querschnitt von sechzig schweizerischen Betrieben intensive und systematisch aufgebaute Gespräche geführt, mit dem Ziel, ihre Denkmuster und ethischen Grundhaltungen zu ergründen.
Dabei hat es sich gezeigt, daß achtundachtzig Prozent der Manager «Harmonisten» sind. Gut die Hälfte davon (beziehungsweise sechsundvierzig Prozent der Grundgesamtheit) sieht grundsätzlich keine Konflikte zwischen der Ethik und dem (langfristigen) Interesse des Unternehmens. Alles, was dem Unternehmen und der Wirtschaft nützt, ist letztlich ethisch, auch wenn wir das jetzt noch nicht einsehen können. Die kleinere Hälfte (zweiundvierzig Prozent der Grundgesamtheit) gerät zwar ab und zu in einen Gewissenskonflikt, weil «harte Entscheide» zu fällen sind, ist aber überzeugt, daß dabei das Interesse beziehungsweise das «Überleben» des Betriebes langfristig wichtiger ist.
Dieser Befund deckt sich mit einem anderen Ergebnis, wobei dreiunddreißig Prozent der Manager dominante und weitere zweiundvierzig Prozent latente «Ökonomisten» sind. Das heißt, sie sind der Überzeugung, daß der Markt zumindest langfristig alles zum besten regelt und daß ethisches Verhalten deshalb darin besteht, dem Markt zum Durchbruch zu ver-

helfen. Dies gilt auch dann, wenn das Ergebnis des Marktprozesses kurzfristig unbefriedigend oder unsozial zu sein scheint; doch wer sind wir denn, daß wir uns über die Weisheit des Marktes erheben wollen?

Die Vorstellung, daß der Markt – zumindest auf längere Sicht – alle Probleme in Minne auflöst, ist antipolitisch. Wenn der Markt ohnehin alles besser macht, braucht es keine Politik mehr. Die Frage ist nun, ob sich Antipolitik beziehungsweise auch nur schon der Vorrang des Marktes vor der Politik mit einem liberalen Menschenbild vereinbaren läßt.

Natürlich nicht: Der Mensch ist schließlich ein soziales Wesen. Deshalb besteht seine wichtigste persönliche Entfaltung darin, die Beziehungen in seinen Gemeinschaften zu gestalten. Das muß nicht Politik im engeren Sinne sein. Aber auch die Beziehungen zur Familie, zu Freunden sind soziales Tun, das zudem auf indirekte Weise auf die Politik zurückwirkt. Sogar künstlerische Betätigung ist (unter anderem auch) eine Form des sozialen Austausches.

Die Möglichkeit, als Konsument möglichst frei aus einem möglichst großen Angebot wählen zu können, ist zwar auch ein Entfaltungspotential, aber eher ein nebensächliches. Doch selbst wenn die totale Unterwerfung unter die Prinzipien der Marktwirtschaft ein Mehr an Konsum möglich machen würde (was zu bezweifeln ist), so wäre dieses Mehr doch nicht den damit verbundenen Verlust an politischen Entfaltungsmöglichkeiten wert.

Freiheit und Eigentum

Für den Neoliberalismus bedeutet die Freiheit vor allem die Wahlfreiheit des Konsumenten im Supermarkt der Marktwirtschaft. Für den Liberalismus bedeutet Freiheit den Vorrang des Individuums vor der Gesellschaft im Sinne einer unantastbaren Menschenwürde. Diese Würde ergibt sich aus dem Menschsein allein und ist nicht abhängig von Besitz, Herkunft oder von bestimmten Fähigkeiten. Daraus folgt zwingend, daß alle Menschen gleich (würdig) sind. Der Ausdruck dieser Würde ist die Möglichkeit der freien Entfaltung. Peter Ulrich spricht von einer «positiven Freiheit zur partizipativen Selbstbestimmung legitimer Zwecke». Dem stellt er den «negativen» Freiheitsbegriff des Neoliberalismus gegenüber, welcher die Verfolgung privater Ziele (ohne gesellschaftlichen Bezug) in den Mittelpunkt stellt und der sich vor allem in der Aneignung und Anhäufung von privatem Besitz erschöpft. Das Recht auf Privateigentum ist im Neoliberalismus das wichtigste Freiheitsrecht überhaupt – mit einigem Abstand gefolgt von der Handels- und Gewerbefreiheit.
Wie aber hält es der politische Liberalismus mit dem Eigentum? Die wohl beste Antwort auf diese Frage geben die «Freiburger Thesen» der damals noch echt liberalen Partei Deutschlands, der F.D.P.
«These 1: Freiheit braucht Eigentum. Eigentum schafft Freiheit. Es ist Mittel zum Zweck der Wahrung um Mehrung menschlicher Freiheit, nicht Selbstzweck.»
Und weil dies so ist, lautet die
«These 2: Das Recht auf Eigentum findet seine Entsprechung im Recht auf Eigentum. Die formale Garantie der Eigentumsordnung bedarf darum in einem sozialen Rechts-Staat der

Ergänzung durch die reale Chance jedes Bürgers zur Eigentumsbildung.«
Eigentum ist also nicht einfach oder zumindest nicht nur ein individuelles Recht, auf das man pocht und zu dessen Verteidigung der Staat Polizisten und Richter zur Verfügung stellt. Eigentum ist auch eine politische Aufgabe – ein kollektiv zu lösendes Verteilungsproblem. An diesem Beispiel wird besonders deutlich, warum echter Liberalismus immer ein politischer (oder republikanischer) Liberalismus sein muß. Wenn es stimmt, daß Eigentum nicht Selbstzweck ist, sondern nur ein Mittel zur Wahrung der persönlichen Freiheit, dann muß es irgendwo eine Grenze geben, oberhalb derer das persönliche Eigentum die eigene Freiheit nicht mehr mehrt und die der anderen einschränkt. Die politische Kunst und liberale Gratwanderung besteht darin, diese Grenze festzustellen und durchzusetzen, ohne daß damit ein staatlicher Machtapparat geschaffen wird, der noch mehr Unfreiheit schafft.
Der Umgang mit dem Eigentum eignet sich übrigens gut als Lackmus-Test für die verschiedenen -Ismen. Für den Neoliberalismus ist das Eigentum ein Selbstzweck und ein individueller Anspruch. Für den politischen Liberalismus ist es ein Mittel zum Zweck der persönlichen Entfaltung und damit eine politische Aufgabe.
Der Sozialismus teilt mit dem Liberalismus das Ziel, möglichst allen die freie Entfaltung beziehungsweise die gleichberechtigte Teilnahme am gemeinschaftlichen Leben zu ermöglichen. Anders als der Liberalismus versucht er dieses Ziel jedoch nicht in erster Linie über das (breit gestreute) Eigentum zu erreichen. Das riecht den Sozialisten zu sehr nach bürgerlichem Mief. Statt dessen versuchen sozialistische Strategen gerne, die individuelle Freiheit erst einmal über die Sicherheit eines guten Lohnes und hilfsweise durch ein Individualrecht auf Sozialhilfe zu erreichen.
Der Konservativismus seinerseits setzt auf eine Mischung von Recht auf und am Eigentum und von sozialer Fürsorge. Dabei spielt jedoch der Staat eine geringere Rolle als im Sozialismus. Das Sozialhilfesystem ist in konservativ-katholischen Ländern

stark auf der patronalen Fürsorgepflicht der Arbeitgeber gegenüber ihren Angestellten und auf den Familienbanden aufgebaut. Der Staat greift vor allem dort helfend ein, wo es gilt, die Einheit der Familie zu erhalten.

Wer bedroht die Freiheit?

Die Sache mit der Freiheit ist wohl schon von Anfang an völlig schief gelaufen. Denn zumindest in Mitteleuropa waren mit diesem Begriff Vorstellungen verbunden, die sich vom Freiheitsbegriff im angelsächsischen Raum grundlegend unterscheiden. Die deutsche Literatur bietet dafür ein schönes Beispiel, das zudem noch den Vorteil hat, beispielhaft für den ganzen deutschsprachigen Raum zu sein: «Willhelm Tell». Die Hauptrollen: der Österreicher Gessler, der Schweizer Tell und der Deutsche Schiller.

In der Rückblende sehen wir, wie ein habsburgischer Landvogt namens Gessler auf die verrückte Idee kommt, seinen Hut mitten auf dem Dorfplatz auf eine Stange zu stecken. Das Volk, so befiehlt er, soll den Hut grüßen und auf diese Weise seine Macht anerkennen. Jetzt betritt ein Mann des Volkes, Wilhelm Tell genannt, die Szene und spaziert demonstrativ achtlos an Gesslers Hut vorbei. Wie zu erwarten, packen Gesslers Schergen den Mann und fordern ihn auf, den Hut zu grüßen. Tell weigert sich abermals.

So weit, so gut. Tell gibt uns ein schönes Beispiel von Zivilcourage. Wäre der Film hier gerissen, so wäre Tell ein zwar alltäglicher, aber echter Held der Freiheit geworden. Doch die Geschichte geht weiter und gerät prompt auf eine schiefe Ebene. Gessler, der inzwischen herbeigeeilt ist, fordert Tell auf, mit seiner Armbrust den Apfel vom Kopf seines eigenen Sohnes zu schießen. Der Einfall ist gut, denn er zeigt den ganzen schurkischen Charakter Gesslers und gibt unserem Helden Tell die Gelegenheit, in umso hellerem Lichte zu erstrahlen. Doch was tut der? Lehnt er das schurkische Ansinnen Gesslers entrüstet ab? Wehrt er sich? Ist er bereit, eher sein eigenes Leben hinzugeben, als das seines Sohnes aufs Spiel zu setzen?

Nichts von alledem. Tell beugt sich der Gewalt. Er kann sich, wie wir heute formulieren würden, den Sachzwängen nicht verschließen. Vielleicht hat er sowieso schon lange darauf gewartet, in die Geschichte eingehen zu können und Karriere zu machen. Jedenfalls nimmt er jetzt, ohne noch lange in sich zu gehen, den Challenge an, den Gessler ihm bietet. Tells Vorgehen ist keinesfalls heldenhaft, sondern im besten Fall pragmatisch zu nennen – und objektiv gesehen ist der Schuß Richtung Sohn eine Demütigung.

Was soll's? Tell spannt den Bogen, läßt den Pfeil los und trifft den Apfel.

Uff. Walter ist noch einmal davongekommen. Und wir mit ihm, denn vorerst wird die peinliche Geschichte verschämt zu den Akten gelegt. Sie wird zu einer Geschichte unter vielen.

Doch dann geht das Drama weiter und entwickelt sich zur Tragödie, denn nun taucht ein Deutscher mit dem Namen Friedrich Schiller auf. Ein Mann von ziemlich schlechtem Geschmack, wie wir heute erkennen müssen, denn bei genauer Betrachtung der Sachlage hätte Schiller unseren Tell bestenfalls zum Säulenheiligen aller Casinos dieser Welt machen können – Tell, der Mann, der alles auf eine Karte setzt, sogar den eigenen Sohn.

Doch Schiller wollte mehr. Der Mann aus dem Untertanenstaat Deutschland hat Tell zum Helden der Freiheit emporgedichtet. Und er hat damit unseren Begriff von Freiheit in einem Gleichnis festgenagelt, das untertäniger nicht sein könnte. Mit dem Apfelschuß beugt sich Tell dem sadistischen Befehl eines Despoten. Er zieht ab, doch wir sehen nicht den Vater, der auf seinen Sohn zielt. Wir stellen unser moralisches Urteil zurück, warten das Ergebnis ab – und jubeln dem Sieger zu. Der Erfolg heiligt die Handlung.

In dem kleinen Gleichnis ist fast alles von dem enthalten, was auch heute noch unser Verständnis von Freiheit trübt und dem Neoliberalismus den Vorwand liefert, sich liberal zu nennen:

Erstens: Wir bewundern die, die sich den äußeren Zwängen anpassen und das Schicksal mit Geschicklichkeit zu ihren Gunsten wenden. Seht, wir funktionieren auch unter höchst unbequemen Umständen, und wir sind dem Schicksal dankbar, das uns in diesem Stahlbad gehärtet hat.

Zweitens steckt in der Tell-Saga auch schon der Utilitarismus, ohne den der Neoliberalismus nicht denkbar ist: nicht auf die Handlung kommt es an, nicht auf die gute oder böse Absicht, sondern allein auf den Erfolg.

Und drittens schließlich baut Schiller in seine Sage genau den Schurken ein, der den Neoliberalen auch heute noch ihr liebster und einzig echter Feind der Freiheit ist – den Staat, im Tell vertreten durch den Landvogt Gessler.

Wer Tells Apfelschuß als einen Akt der Befreiung verklärt und die Unterwerfung, die darin liegt, übersieht, hat von Freiheit wenig verstanden. Und ein Volk, dessen geistige Einheit auf solch schiefen Bildern gründet, ist auch vor liberalen Mißverständnissen nicht sicher. Immerhin gibt es da aber noch den Tyrannenmord und den Rütlischwur. Doch auch dies sind keine unverfänglichen Bilder. Tyrannenmorde gibt es in Entwicklungsländern immer wieder, dennoch will der Tag der Freiheit einfach nicht anbrechen. Und geheime Männerbünde sind auch nicht gerade die frische Luft, an der Gedankenfreiheit sich entfalten kann.

Nein, Schillers Tell handelt nicht von der Freiheit, sondern bloß vom Kampf gegen die Unterdrückung – und das ist zweierlei. Ein Feindbild zu konstruieren und nein zu sagen, war schon immer einfacher, als positive Aufbauarbeit zu leisten. Daran hat der Liberalismus – wie alle andern -Ismen auch – schon immer gekrankt. Man wähle den Schurken aus, der die höchsten Einschaltquoten verspricht, erkläre ihn zum schlimmsten und einzigen Feind der Freiheit und erreicht so, daß die eigenen Reihen fest geschlossen bleiben. «Mir nach marrrsch, im Namen der Freiheit!»

Wenn ein sozial bewußter zeitgenössischer Dramatiker heute den Tell neu schreiben würde, so wären die Rollen wie folgt neu zu besetzen:

Gessler ist der despotische Patron des Hutkonzerns Gesslerhut GmbH. Er schikaniert alle Angestellten und scheut auch vor sexueller Belästigung nicht zurück. Tell ist ein ältlicher Direktor, der auf dem freien Arbeitsmarkt keine Chancen mehr hat und deshalb jede Zumutung Gesslers mit einem devoten Lächeln mitmacht. Walter ist Wilhelms unfähiger Sohn und Prokurist von Vaters Gnaden. Gessler zwingt Tell, seinen Sohn fristlos zu entlassen. Tell tut das, aber nur zum Schein (Apfelschußszene), denn er hat sich bereits vorsorglich an Gesslers Sekretärin Gunhilde herangemacht und mit ihr zusammen eine Sexfalle aufgebaut. (Durch diese hohle Gasse muß er kommen …) Mit den kompromittierenden Dokumenten in der Hand zwingt Tell den Despoten Gessler, ihn zum Generaldirektor und Walter zum Finanzchef zu machen. Vater, Sohn und Sekretärin bringen das Unternehmen an die Börse und loben gemeinsam die Freiheit des Marktes (Rütlischwur). Natürlich kann man das auch anders sehen. Der Hutfabrikant Gessler selbst würde den modernen Tell wohl eher mit einem Beamten in der Rolle des Despoten schreiben und wäre damit näher beim Original. Auch Drogenhändler und -konsumenten z. B. sehen ihre Freiheit – oder das, was sie darunter verstehen – in erster Linie von der staatlichen Autorität bedroht. Doch für die große Mehrheit der Lohnabhängigen wird die Freiheit nicht von einem übermächtigen Staat bedroht. Sie sind in erster Linie abhängig von denen, die ihnen Lohn geben oder entziehen können. Ihr Despot ist das Unternehmen, in dem sie arbeiten (dürfen) und das wiederum von den anonymen Finanzmärkten abhängig ist, welche die Unternehmen zu immer neuen Restrukturierungen und Entlassungen nötigen. Um das (etwas schräge) Gleichnis bis zum bittern Ende zu treiben: Die Gesslerhüte von heute stehen nicht mehr auf den öffentlichen Plätzen, sondern sie sitzen in den Direktionsetagen.

Im Betrieb hört die Freiheit auf

In den sechziger Jahren und zu Beginn der siebziger haben Liberale noch gewußt, daß Gesslerhüte nicht nur auf öffentlichen Plätzen anzutreffen sind. In den 1972 veröffentlichten «Freiburger Thesen» der bundesdeutschen F.D.P. stehen deshalb – zitiert nach dem liberalen Vordenker Friedrich Naumann – die folgenden Merksätze:
1. Der Staat sind wir alle.
2. Der Staat darf nicht alles.
Und genau dasselbe gilt auch auf betrieblicher Ebene:
1. Der Betrieb sind wir alle.
2. Der Betrieb darf nicht alles.
Was damit gefordert wird, ist nicht mehr und nicht weniger als die Übertragung der demokratischen und liberalen Organisationsformen von Gewaltenteilung und Rechtsbindung, von Grundrechtsverbürgung und Minderheitenschutz vom Staat auf das Unternehmen. «Industrieuntertanen», so das Freiburger Programm, «müssen in Industriebürger verwandelt werden.»
Man kann dazu durchaus ein paar Einschränkungen machen. Unternehmen sind keine Staaten. Sie müssen sich in einem anderen Umfeld bewähren. Die Arten ihrer Entscheidungsprozesse müssen sich mehr nach Effizienz denn nach der Demokratie richten. Zudem sind Unternehmen nicht im selben Maße Zwangsgemeinschaften wie Staaten. Die Freiheit des Individuums im Unternehmen hängt deshalb nicht nur von dessen «Verfassung» ab, sondern auch vom Arbeitsmarkt. Wer jederzeit eine noch bessere Stelle antreten könnte, ist auch in einem despotisch geführten Betrieb ein freier Mensch.

Doch dies ist leider heute die Ausnahme. Für sehr viele Menschen ist ihr Unternehmen heute eine Zwangsgemeinschaft. Dennoch diskutieren die Neoliberalen über das, was innerhalb der Unternehmen läuft, ausschließlich unter dem Gesichtspunkt der Effizienz. Für die meisten Menschen ist es heute ganz selbstverständlich, daß im Betrieb andere Gesetze herrschen als außerhalb. Man ordnet sich unter, diskutiert nicht über Befehle, bekennt sich zu einer gemeinsamen Firmenideologie, singt neuerdings (wie etwa bei Novartis) nach japanischem Vorbild auch in europäischen Unternehmen Unternehmens-Hymnen, und man findet nichts daran, wenn einem – wie in vielen Betrieben üblich – per Arbeitsvertrag verboten wird, mit Kolleginnen und Kollegen über den Lohn zu sprechen.

Das hängt damit zusammen, daß sich die Zwänge und Unfreiheiten des Berufslebens schleichend und latent in das kollektive Bewußtsein eingegraben haben. Der Machtmißbrauch nimmt – zumindest in unseren Breitengraden – selten Formen an, die den Protest und die Revolte geradezu heraufbeschwören oder gegen die man mit Gesetzen oder mit der Polizei vorgehen könnte.

Stellen wir uns folgende Geschichte vor: Ein Angestellter, 48 Jahre alt, seit 25 Jahren bei derselben Firma tätig und keine absolute Spitzenkraft. Seine Frau hat heute Geburtstag, und er hat eine kleine Feier vorbereitet. Drei Minuten vor Feierabend erscheint der Chef und verkündet mit ernster Miene: «Direktor Müller will auf der morgigen Sitzung überraschend den Fall Katag behandeln. Wenn Sie mir dazu bitte noch ein Dossier zusammenstellen könnten, Huber, Sie können es ja auf dem Heimweg noch bei mir zuhause abgeben, damit ich es morgen beim Frühstück studieren kann. Danke.»

Das ist ein scheinbar harmloser, alltäglicher Fall. Der Chef mutet seinem Angestellten nichts Unerlaubtes zu, und dieser könnte natürlich nein sagen, ohne irgendeinen Vertrag zu verletzen. Da ist bloß ein ganz kleiner Widerhaken: Eine Verweigerung könnte den Einsatzwillen des Angestellten in Frage stellen. Es könnte höhernorts der Eindruck entstehen, daß

man tiefernorts nicht gewillt sei, sich voll und ganz für das Unternehmen einzusetzen. Besonders dann, wenn sich der Fall wiederholen sollte. Außerdem weiß Huber genau, daß es nicht das erste Mal wäre, daß er den letzten Einsatz vermissen läßt – ganz im Gegensatz zu seinem Kollegen Schulze, der sich in dieser Beziehung nie etwas zuschulden kommen läßt. Außerdem könnte Huber ja mit einem Blumenstrauß und ein paar guten Worten den Schaden zuhause zu reparieren versuchen. Also sagt er: «Aber selbstverständlich, ist doch gar kein Problem», und richtet sich darauf ein, bis mindestens neun Uhr im Büro zu bleiben.
Was hätte Tell in dieser Lage getan? Schwer zu sagen, denn die Fronten sind keineswegs so klar, wie er es aus seinem Theaterstück gewohnt ist. Kein fremder Vogt, der womöglich noch mit österreichischem Akzent spricht, steht ihm gegenüber. Sein Chef und er sitzen vielmehr sozusagen im selben Boot. Und muß man nicht flexibel sein, wenn man am Weltmarkt bestehen will? Der Kunde ist schließlich König.
Es ist nicht leicht, im Kollektiv eines Unternehmens das richtige Maß an Selbstbehauptung zu finden. Ein Unternehmen ist kein freier Markt, auf dem jeder nur solche Transaktionen eingeht, die ihm einen maximalen Nutzen bringen. Man kann im Unternehmen auch nicht einfach auf seine Rechte aus dem Arbeitsvertrag pochen und notfalls den Richter anrufen. Das Unternehmen ist vielmehr ein sozialer Verbund, in dem viele Menschen schon unter ganz normalen Umständen ihre Freiheit und zuweilen auch ihre ganze Persönlichkeit einbüßen.
Doch die Umstände sind seit etlichen Jahren nicht mehr normal. Sie sind vielmehr so, daß heute in einem durchschnittlichen Betrieb etwa die Hälfte der Angestellten Angst davor hat, die Stelle zu verlieren und innert nützlicher Frist keine neue mehr zu finden, also arbeitslos zu werden. Diese Drohung der Arbeitslosigkeit aber verändert den sozialen Verbund des Unternehmens entscheidend. Es ist ein großer Unterschied, ob ein Unternehmen aus Leuten besteht, die allesamt ohne große finanzielle und emotionale Kosten aussteigen können oder ob

der Ausstieg mit beträchtlichen Kosten und Unsicherheiten verbunden ist.

Im ersten Fall ist das Unternehmen als soziale Einheit eigentlich gar nicht existent. Es handelt sich vielmehr nur um eine Anhäufung individueller Beziehungen zwischen dem Unternehmen als eigener Rechtspersönlichkeit und den einzelnen Arbeitnehmern. Im zweiten Fall gleicht das Unternehmen (zumindest aus der Sicht seiner schwächeren Mitglieder) eher einer Zwangsgemeinschaft – wie etwa dem Staat. Weil aber dem «Unternehmensstaat» alle für die Gewaltenteilung notwendigen Institutionen fehlen, wird das Unternehmen – insofern es den Charakter einer Zwangsgemeinschaft hat – leicht zu einem Untertanenstaat oder gar zur Schreckensherrschaft. Das Internationale Arbeitsamt in Genf veröffentlicht regelmäßig Berichte über die menschenunwürdigen Zustände in vielen Fabriken der Dritten Welt. Daß die Arbeitskräfte dabei zuweilen auch von morgens früh bis abends spät in die Fabrikhallen physisch *eingeschlossen* werden, ist dabei noch nicht einmal das schlimmste. Einschneidender ist der ökonomische und psychische Zwang, der diese Menschen in Umständen gefangen hält, die ihre geistige und körperliche Gesundheit oft in wenigen Jahren ruinieren. Ähnliche Zustände traten auch in den westlichen Industrieländern noch vor nicht allzulanger Zeit auf – und sie sind, angetrieben durch die Deregulierung und die rechtlose Stellung der eingewanderten Schwarzarbeiter, bereits wieder anzutreffen.

Immerhin sind solche Zustände (noch?) nicht der Normalfall. Solange der Rechtsstaat funktioniert, sind die Zwangsmittel, die die großen und kleinen Chefs in einem Unternehmen gegenüber ihren Untergebenen anwenden können, glücklicherweise relativ beschränkt. Sie können ihren Mitarbeitern höchstens all das zumuten, was diese als weniger schlimm betrachten als eine Entlassung. Denn im Notfall kann sich der Untergebene allen weiteren Schikanen entziehen, indem er selber die Stelle kündigt.

Alles reduziert sich somit auf die Frage, wie schrecklich eine Entlassung ist. Bereits der allgemeine Sprachgebrauch sagt einiges darüber. Strenggenommen müßte ganz neutral von der Auflösung eines Vertrages gesprochen werden. So, wie ein Kaufvertrag zustande kommen kann oder eben nicht, werden Arbeitsverträge geschlossen und aufgelöst. Zwei gleich starke Partner sind sich nicht mehr einig. Punkt. Das Wort Entlassung hingegen deutet darauf hin, daß da einer am längeren Hebel sitzt.

Und so ist es auch. Selbst in den USA, deren Arbeitsmarkt zur Zeit (im Sommer 1998) mit einer Arbeitslosenquote von «nur» rund fünf Prozent als «überhitzt» (d. h. als für die Arbeitnehmer günstig) gilt, ist die Auflösung eines Arbeitsvertrags für den Entlassenen in aller Regel eine mittlere Katastrophe. Gemäß einer Auswertung der Statistiken des Labour Office haben im Jahr 1997 nur fünfundzwanzig Prozent aller Entlassenen innerhalb von drei Monaten wieder eine unbefristete Stelle erhalten. Drei Viertel derer, die eine Vollzeitstelle verloren haben, müssen sich im Schnitt drei Jahre lang mit gelegentlichen Aushilfsjobs durchschlagen, und wenn sie dann eine Stelle finden, erhalten sie im Schnitt vierzehn Prozent weniger Lohn als zuvor. Dies in einem Land, dessen Arbeitsmarkt als vorbildlich flexibel gilt, also für Outsider und Herausgefallene relativ gute Bedingungen bietet.

Um die Größenordnung zu situieren, kann man versuchen, die oben erwähnten Zahlen in eine einmalige Summe umzurechnen. Nehmen wir an, die drei Jahre Arbeitslosigkeit und Gelegenheitsjobs bringen eine mittlere Einbuße von dreißig Prozent. Später kommen dann noch jeweils vierzehn Prozent Einbuße dazu. Wenn wir nun ferner von einem ursprünglichen Einkommen von 60 000 Franken oder DM und von einem Zinssatz von fünf Prozent ausgehen, so beträgt der durch die Kündigung erlittene Verlust rund 200 000 Franken oder DM. Das heißt, dem Entlassenen entgeht ein Einkommen, das ungefähr dem Zinsertrag auf einem Vermögen von 200 000 entspricht. Das kann durchaus der Unterschied zwischen einem Alter in Würde und einem Alter in Armut sein.

Das ist leider noch nicht alles. Zum materiellen Verlust gesellt sich noch das psychische Leid. Die Entlassung an sich ist schon für die meisten ein Schock, und zwar selbst dann, wenn die Unsicherheit über den neuen Arbeitsplatz nicht lange andauert. Richtig problematisch wird es erst, wenn die Arbeitslosigkeit andauert. Nach sechs Monaten, so sagen uns die erfahrenen Leute auf den Arbeitsämtern, wird es für die Psyche kritisch.

Dabei gilt, daß die seelischen Schäden der Arbeitslosigkeit jene am härtesten treffen, deren Leben zuvor am meisten von der Arbeit beherrscht wurde. Dies gilt insbesondere für Männer zwischen vierzig und neunundfünfzig. Für sie wiegt – wie Studien zeigen – der Verlust des Arbeitsplatzes in aller Regel noch schwerer als die Trennung von der Lebenspartnerin. Gemäß einer französischen Studie benötigen die arbeitslosen Männer dieser Alterskategorie gut dreimal mehr Psychopharmaka als diejenigen, die ihre Arbeit (noch) haben. In vielen Fällen stellen die Ärzte gar eine völlige Auflösung der Persönlichkeit fest.

Exkurs

Das Unternehmen und die Gedankenfreiheit

Es macht Spaß, zwischen fünf Kaugummi-Marken von je fünfzehn verschiedenen Geschmacksrichtungen auswählen zu können. Man fühlt sich ernstgenommen, wenn einem die Verkäuferin im Schuhladen auch noch den zwölften Schuh zur Anprobe anschleppt. Und immer mehr Leute spüren einen wohligen Nervenkitzel und genießen die Vorahnung der Macht, wenn sie sich daranmachen, aus täglich fünf Seiten Kursnotierungen in der Zeitung eine Wahl zu treffen. Die Freiheit des Konsums ist sicher keine schlechte Sache, doch sie hat einen Preis. Sie tangiert die Freiheit der Gedanken. Das gilt nicht nur für die Art und Weise, wie die Konsumgüter verkauft werden – nämlich mittels eines riesigen Werbeaufwandes, der zuweilen einer Gehirnwäsche nahekommt. Es gilt aber vor allem für die Art und Weise, wie Güter und Dienstleistungen aller Art heute produziert werden – nämlich im Zwangsverband von Unternehmen. Die Freiheit der Gedanken und der Meinungsäußerung zu ermöglichen, ist keine leichte Sache. Es brauchte Jahrhunderte von Versuchen und Irrtümern, um endlich jene Institutionen zu schaffen, in welchen der freie Gedanke aufblühen kann – Gewaltenteilung, Parteien, verfassungsmäßige Garantien, Wahlen, Abstimmungen usw. Und es brauchte darüber hinaus auch immer wieder Zivilcourage in allen Sphären der Gesellschaft, um ein Klima zu schaffen, das man liberal nennen kann. Dies gilt nicht nur für den politischen Raum im engeren Sinn. Auch innerhalb der Familienverbände braucht es Regeln und notfalls auch Richter, um die Freiheitsrechte insbesondere der Ehefrauen und Kinder zu sichern. Ehevertrag und Scheidungsrecht,

Kindsmißbrauch, Gewalt und Vergewaltigung in der Ehe sind nur einige der in den letzten Jahrzehnten vieldiskutierten Stichwörter zu diesem Thema. Die Freiheit innerhalb der Unternehmen hat demgegenüber wenig öffentliche Aufmerksamkeit erhalten. Das ist aus liberaler Sicht natürlich ein Fehler, denn der freiheitliche Charakter einer Gesellschaft hängt nicht in erster Linie von der Freiheit der Unternehmen gegenüber Staat und Gesellschaft ab. Liberalismus befaßt sich nicht mit der Freiheit von Kollektiven, sondern mit der Freiheit von Individuen in staatlichen (und betrieblichen) Kollektiven. Deswegen stellt sich im Betrieb genau wie im Staat die Frage: Unter welchen politisch-institutionellen Bedingungen kann sich die Freiheit der Gedanken (auch) im Betrieb entfalten? Von der Mitbestimmung war bereits die Rede. Nun ist allerdings die Mitbestimmung weder eine genügende noch eine notwendige Voraussetzung für ein liberales Betriebsklima. Demokratische Entscheidungen im Betrieb können unter (schlechten) Umständen sogar das Mobbing gegen Minderheiten fördern. Zudem kann man von einem Unternehmen einfach keine allzu aufwendigen demokratischen Entscheidungsprozesse fordern, denn der Markt verlangt Effizienz und schnelle Entscheidungen. Doch dieses Erfordernis der Effizienz ist nicht unproblematisch. Allzu hierarchische Strukturen im Betrieb führen nicht selten zu kollektiven Zwangsneurosen, die zuweilen auf ganze Branchen, ja auf die Wirtschaft überhaupt übergreifen und in Extremfällen zu schweren gesamtwirtschaftlichen und sozialen Schäden führen. Ein Beispiel für eine solche Entwicklung ist die Welle von Restrukturierungen, die vor etwa fünfzehn Jahren in den USA ihren Anfang genommen und sich seither über die ganze Welt ausgebreitet haben. Jun Zhao, Kathleen G. Rust und William McKinley, drei Organisationssoziologen von der Southern Illinois University in den USA, haben dieses Phänomen in einer Studie wissenschaftlich untersucht. Bei diesem Wissenschaftszweig geht es unter anderem darum, wie Wissen in Organisationen verarbeitet wird. Dabei zeigt sich, daß soziale Verbände im wesentlichen durch interne Regeln und Denkschablonen gesteuert werden und sich von äußeren, «objektiven» Ereignissen und Gegebenheiten nur schwer beeinflussen lassen. Dies, so die Studie, hat vor allem zwei Gründe: Erstens ist die Wirklichkeit, der die Manager ausgesetzt sind, ungeheuer komplex. Zweitens müssen die Manager nicht in erster Linie objektiv richtige Entscheidungen fällen, sondern sie müssen sich mit ihren Entscheidungen innerhalb ihrer Gruppe legitimieren. Darum und um die Komplexität beherrschbar zu machen, handeln sie unter sich und im Zusammenspiel mit Analysten, Wirtschaftsjournalisten und Börsenhändlern kollektive Denkschemata aus. Sind diese erst einmal etabliert, so haben sie gar nicht mehr die Wahl, anders zu handeln, weil sie sonst ihre Legitimität innerhalb der Organisation verlieren.

Ein Beispiel für ein solches kollektives Denkschema ist der Ausdruck «Strukturwandel». Dadurch wird erstens eine komplexe Realität auf einen einfachen Begriff reduziert, den jedermann verwenden kann, ohne zu wissen, was damit genau gemeint ist. Zweitens kann durch Redewendungen wie «wir müssen im Strukturwandel bestehen» oder – tadelnd – «wir dürfen keine Strukturerhaltung betreiben», eine Wertordnung geschaffen werden, ohne die eine Organisation nicht funktionieren kann. Jedermann weiß heute, daß «Strukturerhaltung» eine rückwärtsgerichtete, undynamische Eigenschaft ist, die man vor allem bei älteren Semestern antrifft.

Dann werden im Diskurs die Eigenschaften definiert, die den Strukturwandel fördern, «Flexibilität» zum Beispiel oder «Effizienz», usw. Daraus ergibt sich dann schon fast zwingend, daß eine «Restrukturierung» Flexibilität und Effizienz fördert. Um den damit verbundenen Stellenabbau sozial akzeptabel zu machen, braucht es noch flankierende Wortschöpfungen, wie etwa «Lebensunternehmer» oder «Selbstverantwortung fördern». Damit wird der Arbeitgeber seiner bisherigen Fürsorgepflicht entbunden. Er erfüllt seine soziale Pflicht gerade dadurch, daß er dem Arbeitnehmer die Konfrontation mit der harten Wirklichkeit nicht erspart und ihm so die Gelegenheit gibt, sich in Selbständigkeit zu üben.

Auf diese Weise zimmern sich die Manager ihre eigene künstliche Realität zurecht – und drängen sie auch der Politik auf. Informationen, die nicht ins Denkschema passen, werden ausgeblendet. Mitarbeiter, Manager und Politiker, die an der kollektiven Weisheit zweifeln, verlieren ihre Legitimität. Und die Verlautbarungen, mit denen die Organisation ihre Entscheidungen begründet, gleichen oft reinen Zirkelschlüssen. «Wenn man fünfzehn Jahre lang kein Personal abgebaut hat», so begründete der Chef von Chase Manhattan einst den Abbau von 30 000 Stellen, «dann muß die Restrukturierung natürlich umso härter ausfallen.» Mit anderen, noch plumperen Worten: Wir haben Personal abbauen müssen, weil wir bisher zuwenig Personal abgebaut hatten.

Wie sehr Restrukturierungen die Folge eines sozialen Lernprozesses sind, zeigt auch die Tatsache, daß Massenentlassungen bei sonst gleichen Bedingungen vor allem in solchen Firmen und Branchen vorkommen, in denen es bereits Massenentlassungen gegeben hat. Das beste Indiz für die Richtigkeit der «Psycho-Theorie» liegt jedoch darin, daß auch nach mittlerweile rund fünfzehn Jahren praktischer Erfahrung mit über dreiundvierzig Millionen Entlassungen allein in den USA noch keinerlei Beweise für die Wirksamkeit sogenannter Restrukturierungen vorliegen.

Das runde Dutzend wissenschaftlicher Studien zu diesem Thema zeigt keinen klaren Zusammenhang zwischen Restrukturierungen und Gewinnentwicklung der betreffenden Firma. Zwar werden die ausgewiesenen Personalkosten meist deutlich reduziert. Dem stehen aber meist beträchtliche zusätzliche «Restrukturierungskosten», Ausgaben für Ersatzpersonal, Beratungshonorare usw. gegenüber. Oft läßt auch die Leistung der «Überlebenden» nach, oder die Entwicklung neuer Produkte wird verzögert.

Alles in allem läßt sich weder ein positiver noch ein negativer Zusammenhang zwischen Abbau und Gewinn feststellen. Die Auswirkungen auf die Börsenkurse sind mittelfristig sogar eher negativ. Deutlich besser sind die Ergebnisse, wenn Restrukturierungen ohne Entlassungen durchgeführt werden, also beispielsweise mit kürzeren Arbeitszeiten oder durch vorzeitige Pensionierungen.

Ähnliche Zwangsneurosen treten natürlich auch in der Politik auf. In Zeiten innerer, äußerer oder auch nur vermeintlicher Bedrohungen, wie etwa durch den «Globalismus», ist auch die Demokratie nie ganz davor sicher, in den Totalitarismus abzugleiten. Es wäre die Aufgabe liberaler Politik, solche Gefahren rechtzeitig zu erkennen und auf allen Ebenen zu bekämpfen. Es ist deshalb gut, daß die Organisationssoziologie einige Gefahrenherde identifiziert hat. Ihre Theorie zeigt, daß besonders solche Unternehmen durch Zwangsneurosen gefährdet sind,

- deren Management nach Alter, Geschlecht, Berufserfahrung usw. sehr homogen zusammengesetzt ist;

- deren Führungsspitze relativ jung ist;

- deren Spitzenleute sich vornehmlich in einer geschlossenen Welt gleichdenkender Kollegen bewegen;

- die sehr hierarchisch organisiert sind;

- und die – könnte man hinzufügen – im Zuge früherer Restrukturierungen bereits alle Querdenker vorzeitig pensioniert haben.

Diese Lehren lassen sich mit ein wenig Phantasie leicht auf die Demokratie übertragen. Auch sie droht zu erstarren, wenn etwa in Parlament und Regierung lauter Männer aus derselben sozialen Schicht sitzen, wenn die Mediokratie die Parteien zwingt oder drängt, ihre Wahlkongresse als Show der Einigkeit abzuziehen, wenn mit Rücksicht auf Meinungsumfragen niemand mehr laut und schon gar quer zu denken wagt.

II
Der Neoliberalismus
verrät die Marktwirtschaft

Die Kündigung des marktwirtschaftlichen Sozialvertrages

Der Neoliberalismus versteht nichts von Freiheit. Das ist sein Problem. Unser Problem ist, daß diese Tatsache nicht ohne weiteres zu erkennen ist. Zuviele, wenn auch längst nicht alle Leute setzen heute Freiheit mit der Freiheit der Unternehmer gegenüber dem Staat gleich.

Doch es gibt noch ein anderes Mißverständnis, das sehr viel weiter und allgemeiner verbreitet und deshalb noch gefährlicher ist. Es handelt sich um das Unverständnis, das die Neoliberalen der Marktwirtschaft entgegenbringen. Anders als der klassische Wirtschaftsliberalismus versteht der Neoliberalismus nichts von Marktwirtschaft. Schlimmer noch: Der Neoliberalismus hat die Marktwirtschaft verraten und damit den Sozialvertrag des zwanzigsten Jahrhunderts aufgekündigt.

Diese Kündigung ist nie offen ausgesprochen worden. Im Gegenteil: Die neoliberale Doktrin beruft sich – meist aus Unkenntnis, manchmal auch böswillig – auf die Grundsätze der Marktwirtschaft, ja, sie behauptet sogar, daß sie die Marktwirtschaft wiederherstellen will. Und so falsch dieser Anspruch auch ist, so wenig wird er dennoch bestritten. Sogar gelernte Ökonomen sind nur zu leicht bereit, die Grundsätze der neoklassischen Theorie der Marktwirtschaft zugunsten einer ganz anderen, «neoliberalen» Wirtschaftstheorie über Bord zu werfen.

Für den Laien ist es erst recht fast unmöglich, die «echte» Marktwirtschaft des Wirtschaftsliberalismus (wie sie von Adam Smith, David Ricardo usw. entwickelt worden ist) zu unterscheiden von der heute Mode gewordenen «Marktwirtschaft» der Neoliberalen. Er spürt aber am eigenen Leib, daß die neue Marktwirtschaft seit einigen Jahren nicht mehr die alte ist. Anders als noch bis in die achtziger Jahre hinein glaubt heute fast niemand mehr, daß die Zukunft nur besser werden kann. Immer weniger Leute glauben, daß die Marktwirtschaft letztlich auch sie zu Siegern machen wird – wenn nicht heute, so doch morgen. Die Marktwirtschaft hat ihre Legitimation und damit auch die Unterstützung breiter Kreise verloren.

Zwar war die Marktwirtschaft nie ganz unumstritten. Vor allem die Linken und die Grünen haben ihre Weisheit – nicht ganz zu unrecht – immer wieder angegriffen, und noch vor wenigen Jahren sah das Parteiprogramm einiger europäischer Sozialdemokratien die Abschaffung des Kapitalismus vor. Dennoch kann man festhalten, daß dieses Wirtschaftssystem bis vor kurzem die weitherum anerkannte Grundlage eines *Contrat Social* mit folgendem Inhalt war: Wir setzen uns der Härte des Wettbewerbs und der Kälte des Eigennutzes aus, unter der Voraussetzung, daß die dadurch erzwungene Effizienz zwar den einen etwas mehr, zumindest aber allen etwas bringt.

Dieser Vertrag ist jetzt aufgekündet worden, und zwar nicht – wie viele immer geargwöhnt haben – von Links oder von Grün, sondern ausgerechnet von jenen, die sich auch heute noch besonders lauthals für die Marktwirtschaft einsetzen. Eines von vielen Beispielen dafür ist die Art, wie 1997 die Fusion der beiden Schweizer Großbanken Bankverein und Bankgesellschaft und der damit verbundene massive Stellenabbau – bezeichnenderweise unmittelbar vor Weihnachten – bekanntgegeben und begründet worden ist.

In seiner Rede anläßlich der Pressekonferenz hatte sich der designierte Präsident der «United Bank of Switzerland», Mathis Cabiallavetta, zwar nicht ausdrücklich gegen die Marktwirtschaft gewandt. Verschiedene Passagen seiner Rede und ihr Tenor ingesamt ließen aber klar erkennen, daß er die Marktwirtschaft (genauer: die Marktwirtschaft, auf welcher der Soziale Kontrakt basiert) für abgeschafft hält.

Zwei dieser Kernsätze seien hier herausgegriffen: «Längerfristig kann nur derjenige bestehen, dem es gelingt, in ver-

schiedenen Bereichen eine klare Führungsstellung zu erringen. Erfolg haben wird auch nur, wer professionell die höchste Führungsstufe erreicht, finanziell stark ist und die notwendige kritische Größe erreicht.»
«Nach dem einmaligen Negativeinfluß der Fusion ist es unser Ziel, den Konzerngewinn auf über zehn Milliarden Franken zu steigern und dauerhaft eine Rendite von fünfzehn bis zwanzig Prozent zu erzielen.»
Daß diese klare Absage an die klassische Marktwirtschaft kaum jemandem aufgefallen ist, am allerwenigsten dem Autor selbst, hängt unter anderem damit zusammen, daß Cabiallavetta eine neue, höchst eigenwillige Definition geliefert hat und daß es den Cabiallavettas dieser Welt inzwischen gelungen ist, die Finanzanalysten, Wirtschaftsjournalisten, Wirtschaftspolitiker und schließlich die gesamte öffentliche Meinung von der Richtigkeit ihrer Definition zu überzeugen.
Nun steht es zwar jedermann frei, Begriffe neu zu definieren. Dies gilt vor allem dann, wenn damit einer veränderten Wirklichkeit Rechnung getragen werden soll. Daß sich Begriffe wandeln, kommt immer wieder vor, und es ist normalerweise müßig, darüber zu diskutieren, welches denn nun die «richtige» Definition ist. Im vorliegenden Fall ist diese Frage deshalb nicht müßig, weil die – im Sinne des ursprünglichen Wirtschaftsliberalismus verstandene – Marktwirtschaft zentraler Bestandteil eines Gesellschaftsvertrages ist. Im Lichte dieses *Contrat Social* macht es einen ganz entscheidenden Unterschied, ob die Marktwirtschaft allen Anbietern die gleichen Startchancen gibt und deshalb immer wieder neue Konkurrenten auftauchen, oder ob – wie Marktwirtschaft neuerdings verstanden wird – von vornherein nur Bewerber von einer «kritischen Mindestgröße» überhaupt konkurrieren können und «längerfristig nur noch derjenige besteht, dem es gelingt, eine eindeutige Führungsrolle zu übernehmen».
Auch im zweiten Zitat von Cabiallavetta versteckt sich eine Definition der Marktwirtschaft, die von der ursprünglichen ganz klar abweicht. Es ist nicht dasselbe, ob der Wettbewerb, wie dies im Lehrbuch vorgesehen ist, die Unternehmen zwingt,

innert kürzester Zeit jeden Kostenvorteil in Form tieferer Preise beziehungsweise höherer Reallöhne an die gesamte Volkswirtschaft weiterzugeben, oder ob Großkonzerne wie etwa die «United Bank of Switzerland» die Konkurrenz soweit ausschalten oder in Schach halten können, daß ihnen aus volkswirtschaftlicher Sicht unsinnige Kapitalrenditen von fünfzehn bis zwanzig Prozent offenbar als dauerhaft und normal erscheinen.

Marktwirtschaft oder «Marktwirtschaft»?

Es geht hier nicht um die Frage, ob die Wirtschaft tatsächlich so funktioniert, wie sich das die Topmanager unserer Megabanken und -unternehmen offenbar vorstellen, oder ob sich die Realität eher an das Lehrbuch hält. Entscheidend ist vielmehr eine ganz andere Frage: Hat eine Marktwirtschaft à la UBS dieselben segensreichen Wirkungen für die Gesamtgesellschaft, wie wir das für unser klassisches Verständnis von Marktwirtschaft annehmen? Cabiallavetta und Konsorten halten dies für selbstverständlich – wahrscheinlich allerdings nur deshalb, weil sie noch nie ernsthaft darüber nachgedacht haben.
Was man ihnen nicht verargen kann. Topmanager sind stolz darauf, siebzig Stunden und mehr pro Woche schwer an ihrer Verantwortung zu tragen. Da bleibt keine Zeit für ökonomische Theorie, zumal diese doch einigermaßen komplex ist. Umso mehr wäre es deshalb die Aufgabe des Wirtschaftsjournalismus und der Wirtschaftspolitik, dieses unreflektierte ökonomische Verständnis kritisch zu hinterfragen und sich ab und zu auf die theoretischen Grundlagen unseres Wirtschaftssystems zu besinnen.
Diese Theorie sagt zwar in der Tat – da haben unsere Topmanager in der Schule richtig aufgepaßt –, daß die «reine» Marktwirtschaft letztlich allen einen höheren materiellen Wohlstand bringt. Dieses Ergebnis kommt allerdings nur unter einer Reihe von teilweise sehr einschränkenden Bedingungen zustande. *Erstens* müssen alle Wirtschaftssubjekte vollkommen rational handeln und alle neuen Informationen sofort verarbeiten können.

Zweitens müssen mit zunehmender Produktion die Kosten pro Stück steigen, Größe darf sich also nicht durch tiefere Stückkosten auszahlen. Diese Bedingung der zunehmenden Grenzkosten muß zudem auch auf dem Arbeitsmarkt gelten: je höher der Wohlstand, desto mehr zusätzlichen Wohlstand beziehungsweise Kaufkraft müßte in der Theorie eine zusätzliche Arbeitsstunde bringen, damit sie überhaupt noch angeboten wird.

Drittens muß jeder Teilnehmer am Arbeitsmarkt über eine materielle Grundausstattung verfügen, die es ihr oder ihm erlaubt, sich notfalls so lange aus dem Arbeitsmarkt zurückzuziehen, bis die Löhne wieder eine lohnende Höhe erreicht haben. Sind all diese Bedingungen – und noch einige mehr – nicht erfüllt, so gibt es keinerlei Gewähr beziehungsweise mathematischen Beweis dafür, daß die Marktwirtschaft ein gesellschaftlich optimales Ergebnis liefert.

Nun wird man zu Recht einwenden, daß es den reinen Markt im Sinne des Lehrbuches nie gegeben hat. Dennoch hat die real existierende Marktwirtschaft jahrzehntelang ein Ergebnis geliefert, das zumindest für die westlichen Industriestaaten gesamtgesellschaftlich sehr akzeptabel war. Zwar gab es immer wieder auch Verlierer, doch insgesamt hat das Volkseinkommen zugenommen, und die Sieger haben immerhin nicht verhindert, daß diese Zuwächse zumindest teilweise für die Kompensation der Verluste verwendet wurden.

Der *Contrat Social* der Marktwirtschaft ist also nicht schon allein dadurch hinfällig geworden, daß die theoretischen Voraussetzungen für ein marktwirtschaftliches Gleichgewicht nie gegeben waren. Der unverzichtbare Kern des Vertrages besteht nach wie vor darin, den Gewinnern der Marktwirtschaft zuerst die Beweispflicht und später auch den Tatbeweis dafür aufzuerlegen, daß die Verluste der (einstweiligen) Verlierer in absehbarer Zeit kompensiert werden.

Doch genau hierin liegt das neue Problem: Der Beweis ist unmöglich, solange die Marktwirtschaft auch nur annähernd nach dem Modell UBS (oder auch Novartis, Microsoft, Nike, Coca-Cola usw.) funktioniert. Nehmen wir als Beispiel den

Marktwirtschaft oder «Marktwirtschaft»?

Arbeitsmarkt. Bei der UBS-Fusion werden 13 000 Stellen gestrichen. Indirekt wurde sogar ein weit größerer Stellenabbau einkalkuliert, denn letztlich wirken sich die gesamten drei bis vier Milliarden Einsparungen auf Arbeitsplätze aus. Bei einem mittleren Jahreslohn von 100 000 Franken spart die UBS-Fusion volkswirtschaftlich gesehen 30 000 bis 40 000 Stellen ein.

Wie wird nun dieser Verlust in der idealen Marktwirtschaft kompensiert? Ganz einfach: Die Konkurrenz imitiert die Spartricks der UBS und kann dieselben Leistungen mit zwanzig Prozent weniger Personal erbringen. Nun sorgt die Preiskonkurrenz weiter dafür, daß alle Finanzdienstleistungen im Schnitt um zwanzig Prozent billiger werden. Die UBS kann also ihre hohen Gewinnmargen ebensowenig halten wie die anderen Banken. Der Verlust von Arbeitsplätzen dehnt sich folglich zuerst einmal auf die ganze Branche aus.

Das ist aber erst die Hälfte der Geschichte. Wenn alle Bankendienstleistungen zwanzig Prozent billiger werden, haben die fünfundneunzig Prozent der Leute, die nicht für die Banken arbeiten, ein Prozent Kaufkraft gewonnen. Dieses Geld wird typischerweise je zur Hälfte für mehr Freizeit und für mehr Konsum genutzt. Dies erlaubt es – allerdings erst nach einem mehr oder weniger langen Anpassungsprozeß – alle freigesetzten Bankleute wieder zu beschäftigen. Am Schluß arbeiten alle Beschäftigten des Landes 0,5 Prozent oder einen Arbeitstag pro Jahr weniger und können 0,5 Prozent mehr ausgeben.

Wie aber wickelt sich dieser Prozeß, den man «Strukturwandel» nennen kann, im Modell UBS ab? Erinnern wir uns: Der wesentliche Unterschied besteht darin, daß das Unternehmen den Kostenvorteil von drei bis vier Milliarden Franken für sich behalten kann, statt ihn via Preissenkungen an die Allgemeinheit beziehungsweise an die Konsumenten weitergeben zu müssen. Die Reallöhne bleiben somit vorerst gleich. Der Mehrwert beziehungsweise die zusätzliche Kaufkraft konzentriert sich auf den relativ kleinen Kreis der Aktionäre. Die Frage ist nun, was die mit dem Geld anfangen.

Die herkömmliche Rechtfertigungstheorie der *Trickle-Down-Ökonomie* («Heruntertröpfeln») besagt, daß die Reichen die vier Milliarden investieren und damit neue Arbeitsplätze schaffen. Je höher die Gewinne, desto mehr Investitionen und desto mehr Arbeitsplätze. Das leuchtet auf den ersten Blick ein, ist jedoch falsch – beziehungsweise nur in seltenen Ausnahmefällen richtig –, und zwar deshalb, weil diese Biertisch-Theorie den Zusammenhang zwischen Investitionen und Konsum vernachlässigt beziehungsweise nicht zwischen echten Investitionen und bloßen Geldanlagen unterscheidet.
Das Problem liegt darin, daß Investitionsgüter allein den Zweck haben, die Konsumgüter von morgen zu produzieren. Die Unternehmer werden nur dann mehr investieren, wenn sie damit rechnen können, daß auch mehr konsumiert wird. Dieses diffizile Gleichgewicht von Konsum, Sparen und Investition ist in der Regel etwa dann erreicht, wenn fünfundzwanzig Prozent des Bruttosozialprodukts gespart werden. Bei dieser Sparquote wächst das Bruttosozialprodukt im Normalfall etwa um 1,5 bis 2 Prozent jährlich.
In der weiter oben beschriebenen Modell-Marktwirtschaft wird genau ein Viertel des zusätzlichen Bruttsozialprodukts investiert. Auch Arbeitnehmer sparen schließlich einen Teil ihres Lohnes. Wenn nun aber die Löhne nicht steigen, sondern bloß die Reichen mehr Geld erhalten und die gesamten vier Milliarden sparen, wird das Gleichgewicht gestört. Die Unternehmen werden nicht allein deshalb vier Milliarden real neu investieren, weil sie zufällig, beziehungsweise wegen gestiegener Gewinne, soviel Geld in der Kasse haben. Wieviele neue Maschinen sie kaufen, hängt allein davon ab, ob sie die damit zu produzierenden zusätzlichen Konsumgüter auch absetzen können. Dies wiederum ist nur möglich, wenn die Konsumenten zum einen genügend Kaufkraft haben und zum anderen auch Lust, diese zu nutzen. Genau dies aber ist nicht der Fall, denn die Unternehmen haben ja den ganzen Gewinn für sich behalten.

Die Marktwirtschaft wiederherstellen

Bisher haben wir nur aufgezählt, was in der realen «Marktwirtschaft» von heute nicht passiert, beziehungsweise, was dem Lehrbuch der echten Marktwirtschaft widerspricht. Diese Erklärungen klingen zwar wie reine Theorie. Doch das, was als Folge dieser Abweichungen von den Anleitungen der Lehrbücher logischerweise geschehen muß, läßt sich in der Realität leider nur zu leicht überprüfen.

Erstens: Die Unternehmen weiten ihren Produktionsapparat nicht aus, sie investieren – wenn überhaupt – nur noch, indem sie alte durch neue und effizientere Maschinen ersetzen, weil sie so Lohnkosten sparen und die Gewinne trotz stagnierender Umsatzzahlen erhöhen können.

Zweitens: Die steigenden Gewinne werden anstatt in zusätzlichen Maschinen in Aktien und anderen Wertpapieren angelegt. Damit aber steigen die Börsenkurse und die Renditen auf den Wertpapieren.

Drittens: Die hohen Renditen im Finanzsektor führen zu einer weiteren Schrumpfung der Realinvestitionen, weil nur noch die Projekte finanziert werden, deren Renditen mit denen des Finanzsektors mithalten können. Die rückläufigen Realinvestitionen führen zu höheren Arbeitslosenquoten, was wiederum die Lust am Konsumieren dämpft, usw.

Das ist nicht nur eine mehr oder weniger plausible Theorie, sondern genau das, was sich zur Zeit in der Wirklichkeit abspielt: die Börsenkurse steigen, die Wirtschaft stagniert und der Druck auf dem Arbeitsmarkt nimmt zu. Um eine soziale Katastrophe zu verhüten, gibt es nur zwei Möglichkeiten – entweder man wendet noch mehr staatliche Mittel für die soziale Sicherheit auf, oder man versucht, die Spielregeln der

Marktwirtschaft – so, wie sie bis in die achtziger Jahre hinein weitgehend zufriedenstellend funktioniert hat – wiederherzustellen.

Die zweite Lösung ist die bessere – vorausgesetzt, man weiß den richtigen Weg dorthin, und dies wiederum setzt voraus, daß man sich dafür interessiert, was die Marktwirtschaft der Nachkriegszeit so erfolgreich gemacht hat. Der Neoliberalismus interessiert sich nicht dafür. Er weiß schon alles, und er kennt und nennt die Schuldigen. Schuldig ist nur der Arbeits- und nicht der Gütermarkt, und auch auf dem Arbeitsmarkt weicht nur das Angebot und nicht die Nachfrage vom Ideal der Marktwirtschaft ab. Allein schuldig ist, so das Verdikt des Neoliberalismus, die «Rigidität des Arbeitsmarktes».

Unter dieser Rigidität versteht der Neoliberalismus alles, was den Druck des Marktes auf die Löhne mindert, wie zum Beispiel Mindestlöhne, Arbeitslosenversicherungen, Gewerkschaften oder zum Beispiel die Verpflichtung der Arbeitgeber, Entlassungen mit Abfindungen oder Sozialplänen abzufedern. Darüber sind von den Arbeitsmarkt-Ökonomen Tausende von Artikeln geschrieben worden. Auf der anderen Seite gibt es beispielsweise keinerlei Untersuchungen darüber, wie sehr die teilweise äußerst hohen Kosten, die der Arbeitnehmer bei einer Kündigung zu gewärtigen hat, den Arbeitgebern zu einer monopolartigen Machtposition verhelfen.

Zwar sind die Ausgaben für die Arbeitslosenversicherung zweifellos als Folge der zunehmenden Arbeitslosigkeit gestiegen. Das ändert aber nichts daran, daß sich die Arbeitnehmer heute insgesamt in einer schlechteren Position befinden und auf den Druck der Arbeitgeber flexibler reagieren müssen als früher. Die Stellung der Arbeitgeber hingegen ist mutmaßlich stärker geworden. Die Rigidität auf dem Arbeitsmarkt hat deshalb vermutlich in der Tat zugenommen, aber mit den genau umgekehrten Vorzeichen. Um das Gleichgewicht der Kräfte wiederherzustellen, müßte nicht die Stellung der Arbeitnehmer, sondern die der Arbeitgeber geschwächt werden. Doch die wirklich entscheidenden «Rigiditäten» der heutigen Wirtschaft finden – wie oben beschrieben – auf den Produktemärkten statt. Diese werden immer mehr von Großanbietern beherrscht, die dank einer «eindeutigen Führungsrolle» in der Lage sind, «eine dauerhafte Rendite von fünfzehn bis zwanzig Prozent zu erzielen». Daß solche wettbewerbsfeindlichen Superrenditen nicht bloß ein Wunschtraum von Herrn Cabiallavetta sind, zeigt eine Untersuchung der OECD, wonach die Gewinnmargen heute in vielen Branchen deutlich über den Größenordnungen liegen, die sich bei echtem Wettbewerb ergeben würden. Diese nicht-marktkonformen Renditen bremsen die Nachfrage und bewirken eine Arbeitslosigkeit, die anschließend vom Arbeitsmarkt im wesentlichen nur noch verwaltet wird.

Wer unter diesen Umständen «flexiblere Löhne» fordert, fördert den Untergang der Marktwirtschaft. Entscheidend ist vielmehr, daß auf den Gütermärkten endlich wieder mehr Wettbewerb hergestellt wird. Doch auch hier steht leider die vom Neoliberalismus geschaffene geistige Verwirrung einer sachdienlichen Wettbewerbspolitik entgegen. Seit den späten siebziger Jahren hat nämlich die Chicago-Schule den Begriff des potentiellen Wettbewerbs eingeführt. Danach herrschen auch auf einem Monopolmarkt die tiefstmöglichen Preise, weil der einzige Anbieter offensichtlich nur deshalb zum Monopolisten wurde, weil er alle anderen Anbieter aus dem Feld geschlagen und damit seine überragende Leistungsfähigkeit bewiesen hat. Außerdem, so die Chicago-Schule weiter, könne der Monopolist die Preise nie über ein bestimmtes Niveau anheben, weil er sonst neue Konkurrenten auf den Plan rufen würde (Das nennt man potentielle Konkurrenz). Der führende neoliberale Ökonom Frankreichs, Professor Pascal Salin, meinte gar: «Das große Verdienst der freien Konkurrenz ist eben gerade, daß am Schluß nur noch ein Anbieter übrigbleibt.» Dieser eine mag zwar vielleicht der Beste, wird sicher aber kraft seines Monopols auch der Teuerste sein.

Hätte Salin weitergedacht, so wäre ihm eingefallen, daß die uneingeschränkte Anwendung des Gesetzes des Stärkeren nicht nur zu einem einzigen Anbieter, sondern via Massenentlassungen, Abbau der Löhne und Sozialleistungen und via

Hungersnöte schließlich auch zum einzig (überlebenden) Konsumenten führt. Auf diese Weise wäre dann das Gleichgewicht auf der tiefstmöglichen Ebene wiederhergestellt.
Doch der Neoliberalismus hat den Begriff des Wettbewerbs noch in ganz anderer, viel perfiderer Weise umdefiniert. Oder vielleicht muß man es anders formulieren: Die neuen Machtverhältnisse haben ganz automatisch zu einer neuen Optik und damit zu einem neuen Verständnis von Wettbewerb geführt. In der neuen Wirtschaft kämpfen die Unternehmen nicht in erster Linie (mit preisgünstigen Produkten) um die Gunst der Konsumenten, sondern um die der Anleger. Der Schiedsrichter der modernen Wirtschaft ist die Börse. Um ihr zu gefallen, muß man die Gewinne steigern beziehungsweise alles tun, was nach der allgemeinen Überzeugung zu einer Gewinnsteigerung führen könnte und deshalb augenblickliche Kurssteigerungen auslöst: Fusionen, Restrukturierungen, Massenentlassungen.
In diesem Sinne findet der «immer härtere Wettbewerb», den unsere Topmanager bei jeder Gelegenheit beschwören, durchaus statt, nur eben leider nicht als Preiswettbewerb auf den Gütermärkten, sondern als Profitkonkurrenz am Aktienmarkt. Nur profitabel zu sein, genügt nicht, weil man befürchten muß, von einem noch profitableren und noch liquideren Unternehmen gekauft zu werden. Und die Härte dieses «knallharten Wettbewerbs» besteht für die Manager darin, mit einer Millionenabfindung in Pension geschickt zu werden. Mit der Marktwirtschaft, wie sie im Lehrbuch steht, hat dieser «Wettbewerb» allerdings gar nichts zu tun.
Gewiß, die Marktwirtschaft und der Preiswettbewerb sind keine Allheilmittel und keine heiligen Kühe. Aber sie gehören immerhin zu den Grundlagen eines Gesellschaftsvertrages, der uns einige Jahrzehnte lang Wohlstand in Freiheit gebracht hat. Man kann oder muß vielleicht auch diesen Vertrag auf Grund veränderter Umstände neu aushandeln. Was aber nicht angeht, ist der Versuch, die Marktwirtschaft klammheimlich abzuschaffen, indem man eine ganz andere Wirtschaftsverfassung zur Marktwirtschaft umbenennt.

Die unsichtbare Hand – Wirtschaftsliberalismus, Freiheit und Wohlstand

Am Anfang stand die «unsichtbare Hand des Marktes». Sie sorgt nach den Worten ihres Erfinders, Adam Smith (1723–1790), dafür, daß die Verfolgung des individuellen Eigennutzes automatisch zu einem Gesamtergebnis führt, das allen nützt, also gesellschaftlich optimal ist. Diese Sichtweise ist später verfeinert worden und bildete vor allem im zwanzigsten Jahrhundert die ideologische Grundlage dafür, daß die Marktwirtschaft zu einem konsensfähigen sozialen Modell geworden ist.

Kein anderes Gedankenmodell ist wohl je so gründlich erforscht und bis in alle Ecken ausgeleuchtet worden wie diese Idee. Das ist auch kein Wunder, denn seit der Erfindung des Christentums hat auch keine politische Utopie soviel versprochen wie die der Marktwirtschaft, nämlich einen nicht zu überbietenden Wohlstand dank effizienter Nutzung aller Ressourcen, gekoppelt mit totaler Freiheit dank der Atomisierung jeder (wirtschaftlichen) Macht im totalen (Fachausdruck: atomistischen) Wettbewerb.

Hinter dieser Utopie steckt die mechanistische Vorstellung einer Wirtschaft im dynamischen, aber stabilen Gleichgewicht. Dieses Konzept hatte die Ökonomie – im Bestreben, eine seriöse Wissenschaft zu werden – im neunzehnten Jahrhundert den Naturwissenschaften entlehnt. Wie die Himmelskörper, so kreist auch die Wirtschaft um ein natürliches Gleichgewicht.

Inzwischen haben die Naturwissenschaften diese heile Welt längst wieder verlassen. Auch in der Ökonomie setzt sich allmählich die Erkenntnis durch, daß komplexe soziale Systeme mit den mathematischen Mitteln der Chaostheorie viel wirklichkeitsnäher abgebildet werden können als mit den mechanischen Auslaufmodellen aus dem letzten Jahrhundert. Dennoch oder gerade deshalb bietet die mechanische Analyse des Marktes unverzichtbare Erkenntnisse für all diejenigen, die sich anschicken, den «echten» Markt wiederherzustellen.

Die wichtigste Quelle einer solchen Analyse sind die Arbeiten von Léon Walras (1834–1910). Der französische Ökonom, der in Lausanne lehrte, hat vor über hundert Jahren die Theorie vom Grenznutzen miterfunden; er hat als erster die Theorie des Allgemeinen Gleichgewichts formuliert und damit die Ökonomie endlich auf den Stand des damals vorherrschenden naturwissenschaftlichen Weltbildes gebracht. In seiner heute noch anerkannten, populärsten Form besagt das walrasianische Gleichgewichtsmodell, daß sich Angebot und Nachfrage auf Konkurrenzmärkten immer von selbst im Optimum einpendeln. In einer etwas ausführlicheren Version kann Walras' Theorie wie folgt formuliert werden: Die Preise der Güter hängen von ihrem Grenznutzen ab, alle Märkte (für Konsumgüter, Produktionsfaktoren und Kapital) sind über den Preis und über die beschränkten Budgets der Wirtschaftssubjekte miteinander verbunden, deshalb gibt es eine Kombination von Preisen, bei der alle Märkte geräumt sind, Angebot und Nachfrage also übereinstimmen. Voraussetzung dafür ist, daß niemand, insbesondere nicht der Staat, in die Preisbildung eingreift.

1936, ein Vierteljahrhundert nach Walras' Tod, gelang es dem US-Ökonomen Ebraham Wald, die Theorie vom Allgemeinen Gleichgewicht erstmals mathematisch darzustellen. Dieses Problem hatte ganze Generationen von Ökonomen beschäftigt. 1983 erhielt Gérard Debreu für seine Arbeiten auf diesem Gebiet den Nobelpreis. Auch heute noch gilt die mathematische Analyse des Allgemeinen Gleichgewichts an vielen Universitäten als der Inbegriff aller seriösen Ökonomie schlechthin.

Man kann die Ergebnisse all dieser Bemühungen unterschiedlich interpretieren. Doch die einfachste Auslegung und zugleich die mit der maximalen praktischen Relevanz lautet so: Die Annahmen, die zu einem stabilen, für alle Beteiligten optimalen Allgemeinen Gleichgewicht führen, sind so speziell, daß sie in der Wirklichkeit noch nicht einmal mit einer Wahrscheinlichkeit von eins zu einer Million zutreffen könnten.

Zwei Erkenntnisse aus dieser Diskussion sind wirtschaftspolitisch besonders wichtig: Zum einen zeigt eine mathematische Analyse des Modells vom Allgemeinen Gleichgewicht, daß nur der allerletzte Schritt hin zum perfekten Markt mit Sicherheit eine Erhöhung des allgemeinen Wohlstands bringt. Jeder Zwischenschritt kann sich mit gleicher beziehungsweise mit unbekannter Wahrscheinlichkeit sowohl positiv als auch negativ auswirken.

Zum anderen führt der freie Markt – wie bereits erwähnt – nur dann zu einem gesellschaftlichen Optimum, wenn alle Beteiligten über eine genügende Grundausstattung verfügen, um sich notfalls aus dem Arbeitsmarkt zurückziehen zu können. Anders ausgedrückt: der Arbeitsmarkt kann nur dann ein perfekter Markt im Sinne des Allgemeinen Gleichgewichts sein, wenn niemand gezwungen ist, seine Arbeitskraft anzubieten.

Die Liste der einschränkenden Bedingungen, unter denen der Markt seine segensreichen Wirkungen entfaltet, ließe sich beliebig erweitern. Doch bereits aus den zwei erwähnten Bedingungen lassen sich klare Folgerungen für die Wirtschaftspolitik ableiten:

- Es gibt keine generelle Rechtfertigung für eine Politik der Deregulierung und Liberalisierung. Eine bestimmte wirtschaftspolitische Maßnahme ist nicht allein schon deshalb gut, weil man sie als Schritt hin zu einer Liberalisierung bezeichnen kann. Die Wirtschaftspolitik muß «auf Sicht» fahren und die erkennbaren Folgen ihrer Maßnahmen berücksichtigen. Sie kann sich auf keinen neoliberalen Autopiloten verlassen.
- Es gibt keinerlei Gewähr dafür, daß eine «Flexibilisierung»

des Arbeitsmarktes die Wirtschaft insgesamt näher an das Allgemeine Gleichgewicht heranführt. Vielmehr spricht die Theorie dafür, daß das Gleichgewicht auf dem Arbeitsmarkt durch solche Maßnahmen erhalten werden muß, die den (potentiellen) Arbeitnehmern bei ungenügenden Löhnen oder schlechten Arbeitsbedingungen den Rückzug vom Arbeitsmarkt erleichtern.

Zwei Denkschulen

Die mathematische Gewißheit, daß das Allgemeine Gleichgewicht in der Praxis nie erreicht werden kann, heißt allerdings noch lange nicht, daß eine pragmatische Annäherung an die Bedingungen des optimalen Marktes nicht doch sozial erwünschte Wirkungen haben kann. Die Betonung liegt dabei allerdings auf dem Wort «pragmatisch». Es ist die intellektuelle Wasserscheide, welche die Neoliberalen von den Wirtschaftsliberalen trennt.
Dieser Befund gilt generell. Es gibt offenbar zwei grundverschiedene Denkmuster, die in allen wissenschaftlichen Disziplinen anzutreffen sind. Professor Gerry Coomans vom Institut des Sciences Mathématiques et Économiques Appliquées (ISMEA) hat dies am Beispiel der Ökonomie untersucht. Er hat zu diesem Zweck dreihundertachtzig Fragebogen an Ökonomen aus dreißig Ländern verschickt. Die Analyse der Antworten zeigt zwei klare Grundmuster, die Coomans auf die Unterschiede zwischen den grundlegenden Philosophien Platons und Aristoteles' zurückführt. Die Platoniker unter den Ökonomen orientieren sich in erster Linie an großen Ideen und Theorien, insbesondere an der Theorie des vollkommenen Marktes mit seinem stabilen Gleichgewicht.
Die geistigen Nachkommen des Aristoteles hingegen sind fasziniert von den kleinen Widersprüchen des täglichen Lebens. Sie lassen sich von den Fakten irritieren und ändern ihre Theorien relativ leicht. Entsprechend sind sie eher bereit, Ungleichgewichte, beispielsweise auf dem Arbeitsmarkt, durch staatliche Eingriffe zu beseitigen. Sie sind im allgemeinen pessimistisch in bezug auf das «System», aber optimistisch in bezug auf die Fähigkeit des Menschen, regulierend einzugrei-

fen. Anders als die Platoniker glauben sie an die menschliche Vernunft mehr als an die Vollkommenheit theoretischer Systeme.

Der St. Galler Ökonom Christoph Binswanger treibt den Vergleich der beiden grundlegenden Denkrichtungen noch um eine entscheidende Nuance weiter. In seiner Betrachtung über die «Glaubensgemeinschaft der Ökonomen» (siehe das gleichnamige Buch) steht nicht Platon für das Lager der System-Denker, sondern Epiktet (50–138 n. Chr.) als Vertreter der Stoa. Das war die Weltanschauung, die ein halbes Jahrtausend lang das Denken der gebildeten Römer dominiert hatte.

An die Stelle von Aristoteles setzt Binswanger Augustinus (354–430) als herausragenden Vertreter der Scholastik, die mit ihrer christlichen Idee von der Erbsünde das ökonomische Denken des Mittelalters geprägt hatte. Die Scholastik steht ganz im Zeichen des Kampfes zwischen Gut und Böse. In jedem Menschen steckt die Erbsünde. Das Böse muß deshalb durch Vorschriften und Regeln und durch gelebte Tugendhaftigkeit ständig im Zaum gehalten werden. Das war der Grund, warum die Obrigkeit im Mittelalter die Wirtschaft scharf kontrollierte und praktisch jeden Teilbereich strikten Regeln unterwarf.

Die Stoiker hingegen hatten keine Angst vor dem Bösen. Sie waren der Überzeugung, daß die Welt von einer umfassenden All-Vernunft (früher Zeus, später auch *ewige Kunst* genannt) gesteuert wird, die letztlich alles zum Besten wendet. Jedes einzelne Ereignis, ob gut oder böse, jede einzelne Handlung, ob lasterhaft oder dumm, ist damit Teil eines Weltplanes. Damit sind alle Menschen Handlanger der Vorsehung. Einige sind sich dessen sehr bewußt, wie beispielsweise Mephistopheles, den Johann Wolfgang von Goethe im «Faust» sagen läßt: «Ich bin ein Teil von jener Kraft, die stets das Böse will, und stets das Gute schafft.»

Nun war der Moralphilosoph Adam Smith nicht nur ein Kenner, sondern auch ein Anhänger der Stoa. Er nahm in seinen Werken wiederholt Bezug auf die *ewige Kunst*, die «Gutes aus Bösem» schafft. Seine Lehre von der *unsichtbaren Hand* ist

somit nichts anderes als eine geistige Anleihe bei den Stoikern. Daraus folgt, so Binswanger, «nichts anderes, als daß die ökonomische Wissenschaft, soweit sie sich ausdrücklich oder stillschweigend auf den *Homo Oeconomicus* oder auf die *unsichtbare Hand* beruft, auf der Stoa gründet.»
Na und? könnte man fragen, doch Binswanger wandelt seine scheinbar simple Feststellung in eine vernichtende Kritik um. Wenn die Ökonomie auf dem Glauben an die Stoa beruhe, seien die von ihr entwickelten Gesetze nicht sachbezogene (und damit allenfalls auch als falsch erkennbare) Tatbestände, sondern normative Vorschriften einer Glaubensgemeinschaft. «Alle Ökonomen», so Binswanger, «die ihre Wissenschaft in diesem Sinne verstehen, bilden daher eine stoische Glaubensgemeinschaft und sind somit auch eine Werturteilsgesellschaft par excellence.»
Binswanger hat recht: Stoiker und neoliberale Ökonomen machen sich zwar nicht die Mühe, diesen oder jenen Tatbestand als «gut» oder «böse» zu bezeichnen. Sie haben des Werturteil aus ihrer täglichen Praxis und weitgehend auch aus ihrem Bewußtsein ausgeschaltet. Dafür steckt das Werturteil gleichsam als Generalklausel umso mehr in ihren Grundannahmen: Alles, was die Gesetze von Angebot und Nachfrage hervorbringen, ist grundsätzlich gut – auch wenn dies unserem beschränkten Verstand nicht unmittelbar einleuchtet –, ist gut, weil es eben von diesen höheren Gesetzen hervorgebracht worden ist.

Der Irrtum des Utilitarismus

Im Sinne der Auseinandersetzung zwischen Platon und Aristoteles beziehungsweise zwischen der Stoa und dem Christentum ist der Neoliberalismus eine platonische und eine stoische Philosophie. Er ist deshalb ständig der Gefahr ausgesetzt, den Status quo zu heiligen, das Ganze höher zu werten als das einzelne und das Individuum in den Dienst des Systems oder der Gesellschaft zu stellen – bis hin zum Totalitarismus. Diese Gefahr zeigt sich deutlich im typisch neoliberalen Konstrukt des *Homo Oeconomicus*. Diese Kunstfigur geht auf Jeremy Bentham (1748–1832) zurück, der zu Beginn des neunzehnten Jahrhunderts seine Theorie des Utilitarismus entwickelt hat, die noch heute den Neo- oder Wirtschaftsliberalismus stark beeinflußt. Benthams Theorie besagt, daß alle Individuen ihre Handlungen und Unterlassungen nach der Differenz von Freude und Leid beurteilen, welche die Handlung für sie verursacht. Unter allen zu einem bestimmten Zeitpunkt möglichen Handlungen wählen sie diejenige, welche den größtmöglichen Nutzenüberschuß bringt.

Der Utilitarismus ist somit eine Theorie, die das menschliche Handeln erklären will. Doch Bentham wollte mehr. Er stipulierte auch, daß sich das politische Handeln im wesentlichen darin erschöpfen sollte, das individuelle Nutzenstreben nicht zu behindern. Da jede und jeder selbst am besten weiß, beziehungsweise durch Erfahrung gelernt hat, was ihm am meisten Nutzen bringt, sollen sich Autoritäten aller Art wie Kirche, Staat, Familie, Vereine usw. aus der individuellen Entscheidungsfindung möglichst heraushalten. Aus der Summe des individuellen Nutzenstrebens, so Bentham, ergebe sich das größtmögliche Glück der größten Zahl (*Happiness of the*

greatest Number), und alles, was dieses kollektive Glück fördere, sei damit zugleich auch moralisch gerechtfertigt.
Es ist schwer zu glauben, daß eine derart mechanistische und in ihrer letzten Konsequenz auch kollektivistische Theorie zu einem der Kernelemente eines (sogenannten) Liberalismus werden konnte. Man bedenke beispielsweise folgendes: Bentham hat seine Theorie ausdrücklich als Gegenthese zu den liberalen Ansätzen entwickelt, die auf natürlichen Rechten der Individuen aufbauen. Bentham bezeichnete die natürlichen Individualrechte ausdrücklich als «Unsinn auf Stelzen». Wenn man nun die Verneinung der individuellen Rechte mit dem Konzept des Glücks der großen Zahl kombiniert, so ließe sich mit dieser «Philosophie» beispielsweise auch eine Hexenverbrennung rechtfertigen, vorausgesetzt, die Zuschauer seien zahlreich und amüsiert genug.
Allerdings sind nicht alle Wirtschaftsliberalen mit dem «kollektiven Glück» so kollektivistisch umgegangen wie Bentham. Ein Beleg dafür ist das sogenannte Pareto-Optimum, benannt nach dem Lausanner Ökonomen und Walras-Nachfolger, Vilfredo Pareto. Obwohl Pareto politisch dem Faschismus nahestand, führte er einen wenigstens ansatzweise liberalen Minderheitenschutz (man kann auch von Besitzstandwahrung reden) in die neoklassische Wirtschaftstheorie ein. Sein Pareto-Optimum kennzeichnet nämlich einen gesellschaftlichen Zustand, der nicht verändert werden kann, ohne daß dabei die wirtschaftliche Position zumindest eines der Mitglieder der Gesellschaft verschlechtert wird.
Anders herum formuliert: nur solche wirtschaftspolitischen Maßnahmen sind pareto-optimal, die niemanden schlechter- und mindestens eine Person besserstellen.
Wie ist vor diesem begrifflichen Hintergrund beispielsweise die Globalisierung zu bewerten, oder konkreter: die Öffnung der Grenzen gegenüber einem Land mit tieferem Lohnniveau für wenig qualifizierte Arbeiten? Es ist damit zu rechnen, daß die Öffnung der Grenzen die Löhne der unqualifizierten Arbeitnehmer unter Druck setzt. Sie ist also offensichtlich nicht pareto-optimal. Doch soll sie deswegen unterbleiben?

Die Antwort des modernen Neoliberalismus ist – wie wir alle wissen – ein klares Nein. Doch wie wird dieses Nein mit der neoklassischen Wirtschaftstheorie begründet? Die Behauptung, daß die Öffnung der Grenzen langfristig auch für die Unqualifizierten von Vorteil sei, genügt den Bedingungen des Pareto-Optimums auch dann nicht, wenn man an den langfristigen Nutzen der Globalisierung glauben will. Denn es gibt Unqualifizierte, die wegen ihres fortgeschrittenen Alters genau wissen, daß sie Lohneinbußen von heute im Verlaufe ihres Berufslebens nie mehr kompensieren können.

Um diesen Engpaß zu überwinden, haben die Neoliberalen das sogenannte Hicks'sche Theorem (nach dem Nobelpreisträger des Jahres 1972, John Hicks) erfunden. Nach Hicks sind auch solche Maßnahmen optimal, deren gesamtgesellschaftlicher Zusatznutzen ausreicht, um den Benachteiligten dieser Maßnahme einen vollen Ausgleich zu gewähren. Allerdings – und jetzt kommt der Pferdefuß des Hicks'schen Theorems – muß der Interessensausgleich nur *theoretisch möglich* sein und nicht praktisch erfolgen. (Um der Ehrlichkeit Genüge zu tun, muß man hinzufügen, daß die Kompensation aus neoliberaler Sicht sogar ausdrücklich unterbleiben sollte, weil sonst die Arbeitsmoral darunter leiden würde, und weil jede Umverteilung staatliches Handeln notwendig macht.)

Der Neoliberalismus und das Reich der Notwendigkeit

Der Wirtschaftsliberalismus des neunzehnten Jahrhunderts stand noch ganz im Zeichen der Aufklärung. Der Mensch hatte die Natur im Griff, er hatte die Möglichkeit, Not und Elend zu überwinden. Er mußte zu diesem Zweck bloß die Kräfte des Marktes wirken lassen und so die schöpferischen Kräfte freilegen, die in jedem Menschen stecken. Von dieser Aufbruchsstimmung ist im Neoliberalismus nichts übriggeblieben. Die neoliberale Rhetorik taucht uns in eine Welt der Knappheit, in einen Dschungel, in dem wir nur «überleben» können, wenn wir «den Gürtel enger schnallen», und wo der «Wettbewerb immer brutaler» wird usw.
Vor diesem düsteren Hintergrund gelingt es den Neoliberalen, Staat und Politik als für den Überlebenskampf ungeeignet erscheinen zu lassen. Sie zeichnen die Politik als eine Welt der unkontrollierten «Begehrlichkeiten», in welcher die Politiker ihre Stimmen dadurch maximieren, daß sie ungebremst neue Ausgaben beschließen. Dem System der Demokratie fehlt aus dieser neoliberalen Sicht die Rückkoppelung zur Welt der Knappheit. Der Markt hingegen bleibt auf fast schon perfekte Weise mit der Natur in direktem Kontakt, weil die Preise ständig die natürlichen Knappheiten registrieren und die Menschen zu einem sorgsamen Umgang mit den Ressourcen zwingen. Nach einer schwachen Weizenernte zum Beispiel steigen die Getreidepreise und signalisieren auf diese Weise nicht nur die Knappheit, sondern geben gleichzeitig auch einen Anreiz, mehr Getreide anzubauen.
Dieser scheinbar bessere Umgang mit der Knappheit ist es denn auch, der heute die Überzeugungskraft des Neoliberalis-

mus ausmacht, und nicht das Versprechen auf individuelle Entfaltungsmöglichkeiten im Paradies einer perfekten Marktwirtschaft. Doch ist der Markt in dieser Hinsicht der Politik wirklich überlegen? Und falls ja, ist die materielle Knappheit wirklich das entscheidende Problem unserer Zeit?

Die Antwort auf die zweite Frage muß nein lauten. Und dieses Nein kehrt zugleich auch die vermeintliche Stärke des Marktes bei der Bewirtschaftung von Knappheiten in sein Gegenteil um. Das System der Preise ist nicht in erster Linie mit der Natur zurückgekoppelt, sondern mit den sozialen Machtverhältnissen. Geld dient der Abrechung unter den Menschen. Das Geldsystem ist keine Buchhaltung, in der Schulden und Guthaben zwischen der Natur und der Menschheit verbucht werden.

Wäre dies so, so müßte zum Beispiel die Knappheit oder auch nur schon die Endlichkeit der Erdölreserven dazu führen, daß alle Menschen gleichermaßen sparsam mit diesen natürlichen Reserven umgehen müssen. Die höchst ungleiche weltweite Verteilung der Kaufkraft führt aber dazu, daß man sich in den USA oder in Westeuropa beispielsweise mit benzinverschlingenden Lastwagen-Rennen vergnügt, während in Afrika Wasser noch immer mit Muskelkraft aus den Brunnen gepumpt werden muß statt mit Benzinmotoren.

Die Liste der Beispiele ließe sich lange fortführen. Fast nie ist es die Wirtschaft, und fast immer sind es politische Vorschriften, die zum sorgsamen Umgang mit der Natur zwingen. Das ist kein Zufall, sondern die logische Folge beider Systeme. Gute Luft etwa kann man nicht individuell kaufen. Dort, wo dies dennoch geschieht, indem die reicheren Leute aufs saubere Land ziehen, wird die Umwelt durch den zusätzlichen Pendlerverkehr erst recht verdreckt. Hier hilft nur ein politischer Entscheid. Daß sich dabei zuweilen marktwirtschaftliche Instrumente wie Energiepreiszuschläge oder handelbare Luftverschmutzungszertifikate als sinnvoller erweisen als beispielsweise Bußen und Verbote, spricht nicht gegen den Vorrang der Politik.

Doch selbst dort, wo die Schäden direkt auf die Schädiger

zurückfallen, verhindert der Markt einen effizienten Umgang mit der Natur oft eher, als daß er ihn fördert. Der Grund dafür ist die Tatsache, daß die Natur oft erst sehr spät «zurückschlägt». Wegen der Wirkung des Zinseszinses rechtfertigt die Vermeidung möglicher späterer Schäden jedoch nur geringe Aufwendungen. Rechnet man beispielsweise mit sechs Prozent Zins, so schrumpft der sogenannte Gegenwartswert eines in vierundzwanzig Jahren auftretenden Schadens auf einen Viertel. Gegenmaßnahmen lohnen sich also höchstens dann, wenn sie maximal einen Viertel des mutmaßlichen Schadens kosten. Doch selbst dann, wenn die Vermeidung des möglichen Schadens noch weniger kostet, kann es sich für die Manager des betreffenden Unternehmens lohnen, auf die umweltschonende Investition zu verzichten, statt dessen einen höheren Gewinn auszuweisen und so den Aktienkurs und den eigenen Bonus zu erhöhen.

Der Schutz der Umwelt ist also nur mit der Politik und nicht mit der Marktwirtschaft zu haben. Und die Globalisierung des Marktes bringt nicht nur keinen besseren Umgang mit den natürlichen Ressourcen, sondern er schwächt ganz im Gegenteil die diesbezüglichen Fähigkeiten der politischen Instanzen. Wer hat schon die politische Durchschlagskraft, um beispielsweise eine Kohlendioxyd-Steuer durchzusetzen, wenn die davon betroffenen Unternehmen damit drohen können, ihre Produktion einfach ins Ausland zu verlegen?

Dazu kommt, daß die unmittelbaren Wirtschaftsprobleme wie Arbeitslosigkeit oder Staatsdefizite fast gar nichts mit einer angeblichen physischen Knappheit zu tun haben. Das Hauptproblem liegt vielmehr darin, daß die stark steigende Produktionskraft der Wirtschaft gar nicht genutzt wird. Länder wie Deutschland, Frankreich, Österreich oder die Schweiz leisten sich nicht etwa zuviel, sondern zuwenig. Die Nachfrage hält mit dem Angebot nicht Schritt, was nicht nur zu Arbeitslosigkeit führt, sondern auch zu einem Druck auf die Löhne (zumindest der wenig Qualifizierten), womit die Nachfrage weiter sinkt. Um dieses Ungleichgewicht wenigstens teilweise auszugleichen, ist der Staat gezwungen, Schulden zu machen. Doch dies ist ein Verteilungsproblem innerhalb der Volkswirtschaften und hat mit einer materiellen Knappheit nichts zu tun.

III
Bausteine eines neuen Wirtschaftsliberalismus

Neues Leben für zwei alte Begriffe – Eigentum und Markt

Wie wir im letzten Kapitel gesehen haben, hat der Neoliberalismus den Wirtschaftsliberalismus des neunzehnten Jahrhunderts in einer Weise theoretisch weiterentwickelt, die ihn weit vom politischen Liberalismus entfernt. Nicht ganz zufällig ist mit der Vorherrschaft des Neoliberalismus in den letzten zwei Jahrzehnten eine insgesamt wenig erfreuliche Wirtschaftsentwicklung in Gang gekommen. Dennoch muß vor falschen Schlüssen gewarnt werden: Die Marktwirtschaft hat zumindest den westlichen Industrieländern ein paar höchst erfolgreiche Jahrzehnte beschert, und zwar sowohl materiell als auch in bezug auf die individuellen Freiheiten. All dies lohnt den Versuch, den Wirtschaftsliberalismus neu zu definieren, ihn vom Ballast der reinen Theorie und seiner neoliberalen Mißverständnisse zu befreien und seine wesentlichen Eigenschaften neu herauszuarbeiten.

Um das Terrain für eine solche Aufgabe vorzubereiten, sollen im folgenden ein paar Ansätze skizziert werden, die einen neuen Zugang zum Phänomen der Marktwirtschaft eröffnen. Am Anfang stehen ein paar Betrachtungen zum zentralen Begriff des Eigentums. Hier zeigt sich deutlich, daß die vorherrschende neoliberale Theorie in weiten Teilen eine reine Rechtfertigungsideologie ist, die gar nicht erst den Versuch unternimmt, das Wesen des Marktes zu erfassen.

Eigentum spielt in der Marktwirtschaft eine entscheidende Rolle. In diesem Punkt sind sich Wirtschaftsliberale und Neoliberale einig. Doch bei diesem Grundsatz hört die Einigkeit auch schon auf. Für den Neoliberalismus ist das Eigentum Selbstzweck. Er betont das *individuelle Recht am Eigentum*.

Für den Wirtschaftsliberalismus hingegen ist das Eigentum nur funktional. Und Eigentum erfüllt seine Funktion als Triebfeder der Marktwirtschaft und als Garant der Freiheit dann am besten, wenn es als das *Recht aller auf Eigentum* definiert wird.

Unter dem Gesichtspunkt der ökonomischen Effizienz betrachtet, ist Eigentum zunächst einmal eine Voraussetzung für Produktivität. Wer die verwendeten Produktionsmittel nicht selbst besitzt und für seine Arbeit nur einen von vornherein festgesetzten Lohn erhält, wird seinen Einsatz wohlweislich dosieren. Zudem wird er oder sie das fremde Produktionskapital nicht optimal pflegen. Ein möglichst breit gestreutes Eigentum an Produktionskapital inklusive Land ist deshalb die beste Voraussetzung für maximale Wertschöpfung.

Diese theoretische Überlegung wird durch die Realität bestätigt. Professor Roland Bénabou von der New York University hat insgesamt dreiundzwanzig empirische Untersuchungen zu den Bestimmungsgründen des Wirtschaftswachstums aus den Jahren 1986 bis 1996 zusammengetragen und kommt zu folgenden Ergebnissen: Der klarste Zusammenhang besteht zwischen Bildung und Wachstum. Je umfangreicher die Investitionen in die Ausbildung, desto höher die Wachstumsraten. Von siebzehn Studien zu diesem Thema zeigt nur eine keinen klaren Zusammenhang. Fast ebenso deutlich ist folgender Zusammenhang: Je größer die Ungleichgewichte von Einkommen und Vermögen, desto geringer sind die Wachstumsraten. Von dreizehn Studien zu diesem Thema zeigte nur eine keinen solchen Zusammenhang. Und schließlich zeigte sich, daß soziale Stabilität das Wirtschaftswachstum fördert und daß Ungleichheit ein wichtiger Grund für wachstumshemmende soziale Instabilität ist.

Nun sorgt aber der Markt selbst nicht automatisch für eine gleichmäßige Verteilung des Eigentums. Es ist deshalb letztlich die Aufgabe der Staates, für eine Umverteilung der Produktionsmittel zu sorgen – womit er jedoch zwangsläufig ein moralisches Risiko schafft und den Anreiz mindert, durch harte Arbeit eigenes Vermögen anzuhäufen. Der Neoliberalis-

mus ignoriert dieses Dilemma. Er setzt das Recht am Eigentum absolut und vertraut darauf, daß der Markt letztlich schon für das Rechte sorgt, und sei es auch nur, indem er die Armen mit dem Stachel der blanken Not zur Arbeit zwingt.
Der Wirtschaftsliberalismus hingegen versucht, mit diesem Konflikt pragmatisch umzugehen. Dem folgenden Zitat ist nichts hinzuzufügen. Es stammt aus den 1972 veröffentlichten «Freiburger Thesen» der bundesdeutschen F.D.P.:
«Die Tendenzen zur Akkumulation des privaten Kapitals, wie sie etwa in der Verzinsung des Geldes, aber auch in der Wertsteigerung des Bodens sichtbar werden, sind in einem über Gewinnstreben und Marktnachfrage gesteuerten Wirtschaftssystem ebenso eigentümlich wie die Tendenz zur Konzentration des privaten Eigentums an den Produktionsmitteln in wenigen Händen. Dem freien Selbstlauf überlassen, müssen eben diese negativen Tendenzen, bei aller ungebrochenen Leistungsfähigkeit, dessen Menschlichkeit am Ende zerstören, durch permanente Überprivilegierung der Besitzenden gegenüber den Besitzlosen, der Reichen gegenüber der Armen, des Faktors Kapital gegenüber dem Faktor Arbeit. Das ist aber nicht nur eine Frage der Gerechtigkeit oder Ungerechtigkeit des auf einem privaten Wirtschaftssystem gegründeten liberalen Gesellschaftssystems. In einer Gesellschaft, in der Besitz und Geld der Schlüssel für fast alle Betätigungen der Freiheit ist, ist die Frage des gerechten Anteils an den Ertragssteigerungen der Wirtschaft und am Vermögenszuwachs der Gesellschaft nicht nur eine Gerechtigkeitsfrage, sondern sie ist die Freiheitsfrage schlechthin.»
Obwohl der Wirtschaftsliberalismus dem Eigentum eine zentrale Stellung einräumt, hat er dennoch nie ganz begriffen, daß die entscheidende Triebfeder und damit auch das wesentliche Merkmal der Marktwirtschaft nicht der Markt oder der Tausch ist, sondern das Eigentum. Wie die Bremer Ökonomieprofessoren Otto Steiger und Gunnar Heinsohn in ihrem Buch «Eigentum, Zins und Geld» dargelegt haben, sind die feudalen Wirtschaftsformen nur dort von einer modernen, arbeitsteiligen und kapitalistischen Wirtschaft abgelöst wor-

den, wo zuvor das juristische Konstrukt des belehn- und veräußerbaren Eigentums erfunden worden war. Nicht der Tausch oder die Erfindung des Geldes haben die Marktwirtschaft und den damit verbundenen Produktionsfortschritt möglich gemacht, sondern das Eigentum.

In der Stammesgesellschaft und im Feudalismus gab es zwar auch schon Besitz, aber dieser konnte nicht frei verkauft werden und war deshalb auch nicht belehnbar. Die Menschen konnten ihre Arbeit auch nicht frei anbieten und hatten in diesem Sinne kein Eigentum an ihrer eigenen Produktionskraft. Erst mit der «Erfindung» der bürgerlichen Freiheiten und des Eigentums entstand die Möglichkeit, Eigentum auszuleihen und zu belehnen. Dies wiederum war die Voraussetzung für das Entstehen von Kredit und Zins.

Wer etwas produzieren will, beispielsweise ein Haus in Binningen, braucht heute schon Vorleistungen wie Holz, Backsteine, Werkzeuge usw., er schafft aber erst morgen etwas Neues. Der Bauherr selbst mag zwar überzeugt sein, daß die Häuser wertvoller sind als die Vorleistungen, daß mithin Mehrwert geschaffen wird. Der Lieferant hingegen versteht nichts vom Immobilienmarkt in Binningen, und er weiß auch nicht, wie fleißig der Bauunternehmer ist. Aus diesem Grunde muß der Bauunternehmer Sicherheiten bieten können. Er muß belehnbares Eigentum haben.

Beim Akt der Belehnung entsteht ein Dokument, in welchem sich der Bauunternehmer verpflichtet, notfalls ein bestimmtes Stück Land aus seinem Besitz gegen Gold zu verkaufen und dem Lieferanten oder jedem rechtmäßigen Besitzer des Dokuments vier Kilo davon zu überlassen. Dieser Schuldschein ist Geld. Allerdings wird der Lieferant Mühe haben, dieses Geld direkt in Umlauf zu setzen, da außerhalb von Binningen niemand den Schuldner kennt. Deshalb braucht es einen Dritten von hoher Glaubwürdigkeit, der an Stelle des Bauherrn die Rolle des Schuldners spielt. Dieser Dritte ist die Bank oder die Zentralbank. Ihr wird der Bauherr seinen Schuldschein anbieten. Die Bank wird ihm als Gegenleistung für sein künftiges Zahlungsversprechen ihrerseits ein Dokument überreichen,

auf welchem sie sich feierlich verpflichtet, jedem, der ihr dieses Dokument – das man Banknote nennt – vorlegt, sofort eine bestimmte Menge Gold auszuzahlen.
Die Bank leiht also dem Bauherrn ihre Glaubwürdigkeit, doch die Möglichkeiten der Bank sind durch den Umfang ihrer Goldreserven beschränkt. Die Bank wird also ihre Kreditwürdigkeit nur gegen einen Preis ausleihen, und dieser Preis ist der Zins.
Der Zins ist somit das Entgelt dafür, daß die Bank (oder jeder andere, der Glaubwürdigkeit verleiht) dafür einen Teil des Vermögens während einer bestimmten Zeit blockieren muß. Wir erinnern uns: ein Geldschein beinhaltet die Verpflichtung der Bank, jederzeit eine bestimmte Menge Gold herzugeben. Für den Schuldner beziehungsweise für den Unternehmer bedeutet dies, daß er mehr Geld zurückbezahlt, als er aufgenommen hat, sonst verliert er sein verpfändetes Eigentum. Genau das aber ist die Triebfeder der kapitalistischen Eigentumswirtschaft.
Es ist nun klar, daß sie nur solange gespannt bleibt, wie genügend Leute Eigentümer *und damit verschuldungsfähig* sind. Wenn im Extremfall alles nur einem kleinen Personenkreis gehört, wie in einigen südamerikanischen Ländern, oder dem Staat, wie im realen Sozialismus, dann kann es auch keine florierende Wirtschaft geben. Auch aus dieser Perspektive ist somit klar, daß Eigentum aus wirtschaftsliberaler Sicht nicht nur ein gerichtlich einklagbares Individualrecht sein kann, sondern eine politische Aufgabe im Sinne eines möglichst breit gestreuten Rechts darauf.

Der Tausch findet nicht nur auf dem Markt statt

Die neoklassische Wirtschaftstheorie und erst recht der Neoliberalismus haben den Tausch deshalb falsch verstanden, weil sie ihm die Rolle des Motors der Marktwirtschaft zugewiesen haben. Die Wirtschaftssubjekte, so ihre etwas wirklichkeitsfremde Theorie, tauschen so lange Güter gegeneinander aus, bis jedes über die Kombination von Gütern verfügt, die ihm – und zugleich der Allgemeinheit – den höchsten Nutzen stiftet. Das Wunder der Marktwirtschaft wäre nach dieser Theorie wie das Märchen vom Hans im Glück – nur umgekehrt. Hans im Glück wird bekanntlich durch wiederholten Tausch immer ärmer. Der wahre Motor der modernen Marktwirtschaft ist jedoch das Eigentum, aus welchem der Kredit, der Zins und das Geld hervorgegangen sind.

Doch die Neoklassik und der Liberalismus setzen sich mit dem Tausch noch in ganz anderer Art falsch auseinander. Sie gehen nämlich davon aus, daß die Menschen (die Neoklassik spricht von Wirtschaftssubjekten) sich rein ökonomisch und egoistisch verhalten und bei jedem Tausch das Maximum für sich herauszuholen versuchen. Diese Unterstellung ist zwar nicht ganz falsch, aber auch nur halbwegs richtig, denn sie gilt nur für solche Verträge, in denen Leistung und Gegenleistung zum vornherein klar bestimmbar sind. Zum Beispiel: Ich zahle 75 000 Franken, du lieferst mir fünf Kilo Gold. Überall dort hingegen, wo Leistung oder Gegenleistung nicht klar definiert werden können, weicht der am Markt erzielte Preis deutlich von dem Marktpreis ab, der bei voller Konkurrenz erzielt worden wäre. Es ist, als wäre der *Homo Oeconomicus* plötzlich von der Bildfläche verschwunden.

Dieses Phänomen ist erst kürzlich von der experimentellen Ökonomie (wieder-)entdeckt worden. Die Laborergebnisse stehen jedoch unzweifelhaft fest. Und vor allem decken sie sich mit einer Erscheinung, die den Völkerkundlern seit langem unter dem Namen Gabentausch bekannt ist. Beim Gabentausch steht nicht der unmittelbare Profit aus einer einmaligen Tauschhandlung im Vordergrund, vielmehr geht es darum, langfristige Beziehungen zu knüpfen und Abhängigkeitsverhältnisse zu festigen. Man gibt mehr, als man seinerseits erhält, und hält somit den Partner in einer Dankesschuld, die in Notzeiten eingelöst werden muß. Aus der Sicht der kurzfristigen Nutzenoptimierung scheint zwar der Gabentausch sinnlos, aber er hat sich als langfristige Überlebensstrategie bewährt.
Zwar könnte man diese Erkenntnis so interpretieren, daß letztlich doch alles nur ökonomisches Kalkül sei, doch in unserem Zusammenhang ist etwas anderes entscheidend: Die ökonomischen Beziehungen wickeln sich nicht nur im Rahmen punktueller Vertragsbeziehungen ab, sondern sie sind auch in langfristige soziale Beziehungen eingebettet. Die Forderungen und Gegenforderungen, die dort eingegangen werden, können nicht einfach durch Geldzahlungen definitiv abgelöst und auch nicht gerichtlich eingefordert werden.
Der Gabentausch ist auch keineswegs eine Randerscheinung der modernen Wirtschaft. Er lebt insbesondere fort im wichtigsten aller ökonomischen Verträge, dem Arbeitsvertrag. Grundsätzlich haben fast alle längerfristigen Verträge diesen Charakter. Konkret bedeuten die Regeln des Gabentausches (oder, wie man heute sagt, die Theorie der unvollständigen Verträge) für den Arbeitsvertrag, daß der Arbeitgeber etwas mehr zahlt als den (von der klassischen Theorie erwarteten) Gleichgewichtslohn. Durch diese Vorgabe setzt er den Arbeitnehmer in Zugzwang, seinerseits mehr zu leisten, als er müßte, um gerade nicht entlassen zu werden.
Diese Abweichung vom streng ökonomischen Verhalten ist effizient. Der Arbeitgeber könnte zwar nur den Gleichgewichtslohn bezahlen und eine höhere Arbeitsleistung durch

Kontrollen erzwingen. Doch diese Kontrollen und Zwangsmaßnahmen kosten Geld und wecken Widerstand. Außerdem zeigt die Praxis, daß langfristig meist diejenigen Unternehmen am erfolgreichsten sind, die ihre Arbeitnehmer überdurchschnittlich bezahlen (und dadurch auch sorgfältig auswählen können), die eine gute interne Ausbildung und große Entscheidungsfreiheiten bieten und die auch bei vorübergehenden Nachfrageproblemen nicht gleich an Entlassungen denken. Dies geht unter anderem aus einer Studie hervor, bei der Professor Jeffrey Pfeffer von der University of Chicago die zwölf US-Unternehmen untersucht hat, die zwischen 1972 und 1992 das größte Gewinnwachstum aller an der Wallstreet kotierten Unternehmen erzielt hatten. Die hohen Gewinne hatten übrigens nichts mit einer Monopolstellung der betreffenden Unternehmen zu tun und waren auch nicht mit bahnbrechenden Erfindungen zu erklären, sondern einzig mit sozialen Faktoren.

Diese Ergebnisse mögen für jene überraschend sein, die bloß etwas von Märkten verstehen, aber nichts von der Einbettung der Märkte in die Gesellschaft. Diese Erweiterung der ökonomischen Betrachtungsweise ist relativ neu und markiert einen klaren Umbruch der Ökonomie von einer pseudo-naturwissenschaftlichen zu einer historisch-sozialwissenschaftlichen Betrachtungsweise. Aus dieser Sicht muß auch der Begriff des Tausches erweitert werden, so wie es zum Beispiel der französische Humangenetiker Albert Jacquard gemacht hat. Er versteht unter Tausch jeden zwischenmenschlichen Austausch von Gütern, Dienstleistungen, Zärtlichkeiten, Bewunderung oder auch bloß Beachtung usw. Ohne menschlichen Austausch sterben Babys in kürzester Zeit, selbst wenn sie von Maschinen perfekt gepflegt und gefüttert werden. Der Tausch ist somit – was Ökonomen meist übersehen – ein vitaler Selbstzweck. Die optimale Wirtschaft ist deshalb nicht die, welche durch den Tausch möglichst viele Güter und Dienstleistungen bezieht, sondern die, welche alle Menschen in den Tausch einbezieht und so für alle eine optimale persönliche Entfaltung ermöglicht.

Der Außenhandel – Peter und Hans statt England und Portugal

Der Neoliberalismus versteht wenig vom Tausch, und er versteht noch weniger von einer Spezialform des Tausches, den er fälschlicherweise für den Tausch schlechthin hält. Die Rede ist vom Außenhandel. Die Theorie David Ricardos (1772–1823) von den komparativen Kostenvorteilen ist *das* Vorzeigestück der klassischen Wirtschaftstheorie. Es zeigt, daß der freie Handel beziehungsweise die Arbeitsteilung auch für den Anbieter vorteilhaft ist, der in allen Belangen schlechter ist als sein Konkurrent.

Ein Beispiel: Hans und Peter benötigen beide pro Woche je 10 Fische und 10 Kilo Kartoffeln, für die sie folgenden Zeitaufwand einsetzen: Peter braucht pro Fisch 1,0 und pro Kilo Kartoffel 1,4 Stunden Arbeit. Seine Arbeitswoche dauert also 24 Stunden. Hans benötigt pro Fisch 1,5 und pro Kilo Kartoffel 2 Stunden. Er produziert also beide Güter weniger effizient als Peter und arbeitet pro Woche 35 Stunden. Wenn nun Peter alle zwanzig Fische selber fängt und sich Hans dafür ausschließlich um die zwanzig Kilo Kartoffeln kümmert, schrumpft die Arbeitswoche von Peter von vierundzwanzig auf zwanzig und die von Hans von fünfunddreißig auf dreißig Stunden. Beide stellen sich also besser, wenn sie sich auf den Tausch beziehungsweise auf die Arbeitsteilung einlassen.

Daß David Ricardo dasselbe nicht mit Hans und Peter, sondern mit den Ländern A und B erklärt hat, hat einen pädagogischen Grund: Arbeitsteilung an sich war um 1800 schon weitgehend anerkannt, nicht jedoch die Arbeitsteilung zwischen Ländern. Hätte Ricardo geahnt, zu welch tragischen Mißverständnissen sein didaktischer Schachzug fast zweihundert Jahre danach führen würde, so hätte er damals sicherlich John and Peter statt England und Portugal aufs Spielfeld seiner Theorie laufen lassen.

Ricardos neoliberale Urenkel sind nämlich heute überzeugt, daß nur der Handel zwischen den Ländern die Quelle von Wohlstand sein kann. Sie glauben, daß nur die sogenannte internationale Wettbewerbsfähigkeit darüber entscheidet, ob ihr Land auch morgen noch reich ist. Der Reichtum eines Landes, so predigen sie, hänge ausschließlich von seiner Fähigkeit ab, Güter und Dienstleistungen zu exportieren. Um dies sicherzustellen, fordern sie die Senkung der einheimischen «Kostenfaktoren», insbesondere der Löhne, die Ersetzung der teuren einheimischen Landwirtschaft durch billige Importe; sie fordern, daß die verteuernden Umweltgesetze abgemildert oder außer Kraft gesetzt werden und die soziale Sicherheit zumindest nicht weiter ausgebaut wird.

Damit aber haben die Neoliberalen gleich den «ganzen Ricardo» außer Kraft gesetzt und die Theorie vom internationalen Handel neu erfunden. Anders als bei Ricardo ist der Außenhandel nun nicht mehr ein Instrument, um letztlich alle reicher zu machen, sondern «die Notwendigkeit, im internationalen Standortwettbewerb gegen die Billiglohnländer konkurrieren zu können, zwingt uns alle, den Gürtel enger zu schnallen.» Oder verkürzt gesagt: der globale Handel nimmt uns entweder einen Teil des Lohnes weg oder den ganzen Job. Überwältigt von der Kraft des eigenen Gedankengebäudes sehen die Neoliberalen den Außenhandel in übernatürlicher Größe. In der Schweiz etwa hat sich die Redensart eingebürgert, wonach «jeder zweite Franken im Ausland verdient» werde. Auf diese Zahl kommt man, indem man erstens unrichtigerweise die Exporte als Teil des Bruttoinlandproduktes (BIP) definiert. Damit kommt man schon einmal auf rund ein Drittel. Wenn man dann statt den absoluten die preisbereinigten Werte von Exporten und BIP nimmt, nähert man sich bereits der Marke von vierzig Prozent. Schließlich weisen die Hohepriester der Exportwirtschaft rituell darauf hin, daß die Exportunternehmen auch noch Tausende von Unter-

lieferanten beschäftigen. Damit kommt man locker auf fünfzig Prozent beziehungsweise auf den sprichwörtlichen «jeden zweiten Franken».
Das ist Unsinn. Zum einen sind die Leistungen der Unterlieferanten selbstverständlich schon im Exportwert enthalten und sollten nicht zweimal gezählt werden. Zum anderen sind weder der Export noch der Import für sich genommen Teile des Bruttoinlandproduktes. Um den Anteil des Exports zu ermitteln, muß man von den Exporten eines Jahres die darin enthaltenen Importe abziehen. Dieser Nettotransfer der Schweiz ins Ausland müßte anschließend mit dem (in Preisen des laufenden Jahres errechneten, also nicht inflationsbereinigten) Bruttoinlandprodukt verglichen werden. Auf diese Weise kommt man für die Schweiz auf einen Exportanteil von rund fünfundzwanzig Prozent. Das ist zwar nicht nichts, bedeutet aber auch, daß in der Schweiz drei Viertel aller Güter und Dienstleistungen von Inländern für Inländer produziert werden. Für Deutschland dürfte die entsprechende Zahl bei rund fünf Sechsteln liegen.
Doch zurück zum neoliberalen Mißverständnis vom Außenhandel. Daß der Neoliberalismus seinen eigenen Quellen widerspricht, beweist noch nicht, daß er unrecht hat. Vielleicht hat sich ja auch Ricardo geirrt. Ist es wirklich so falsch, daß die Billigangebote aus dem Ausland uns die Jobs wegnehmen? Die Antwort ist einfach: Damit der Außenhandel so wirkt, wie Ricardo dies gesagt hat, müssen im Inland gewisse Bedingungen erfüllt sein, doch gerade die werden von der neoliberalen Doktrin vereitelt.
Bleiben wir bei Peter und Hans. Wenn sie die Früchte ihrer Arbeit austauschen, müssen beide entweder weniger arbeiten oder mehr konsumieren, sonst kann die Rechnung nicht aufgehen. Dasselbe gilt auch für Länder. Nehmen wir den – aus neoliberaler Sicht – ungünstigsten Fall. Land A kann ein Gut, das es bisher selbst hergestellt hat, zum halben Preis aus dem Billiglohnland B importieren. Nun gibt es zwei mögliche Szenarien.
Im Szenario «Ricardo» sagt das Land A: «Vielen Dank für das

Geschenk. Das gibt uns die Möglichkeit, 25 000 Leute für die Produktion von Gütern einzusetzen, von denen wir sowieso schon lange mehr haben wollten. Dazu können wir uns noch zwei Tage mehr Ferien leisten.» Über die Verschlechterung in der Leistungsbilanz macht sich das Land A zu Recht keine Sorge. Entweder hat es wie die Schweiz oder Deutschland ohnehin schon einen Leistungsbilanzüberschuß, oder es hat wie die USA oder Großbritannien die Erfahrung gemacht, daß man auch auf Pump gut leben kann.

Im Szenario «M» wie neoliberaler Masochismus sagt das Land A zum Billigexporteur B: «Wir nehmen zwar euer Angebot an, aber nur weil wir wissen, daß Protektionismus für uns noch schlimmer wäre. Euer Billigangebot zeigt uns übrigens wieder einmal, wie satt, fett und bequem wir selbst geworden sind. Wir haben in der Vergangenheit viel zu gut gelebt. Schande über uns. Zum Glück habt ihr uns die Augen geöffnet. Wir werden jetzt schleunigst hingehen und unsere Löhne abbauen und noch härter und länger arbeiten als bisher. Das ist zwar für niemanden lustig, aber durch dieses Stahlbad müssen wir hindurch.»

Szenario «M» ist natürlich eine Farce – aber diese Farce ist zumindest in Deutschland eine Punkt für Punkt statistisch nachkontrollierbare Wirklichkeit. Seit fünfzehn Jahren betreibt die BRD eine Wirtschaftspolitik, die darauf abzielt, mit tiefen Löhnen den Export anzukurbeln und mit hohen Gewinnen inländische und ausländische Investoren dazu zu bewegen, in Deutschland neue Jobs zu schaffen. In der Tat ist der Anteil der Löhne am Bruttoinlandprodukt ständig gestiegen, sind die Gewinne so hoch und die Unternehmenssteuern so tief wie noch nie. Dennoch ist angeblich nicht die Wirtschaftspolitik an der steigenden Arbeitslosigkeit schuld, sondern der knallharte globale Wettbewerb, der zu noch mehr Lohndumping zwinge.

Der neoliberale Masochismus hat offenbar mit dem globalen Handel eine Domina gefunden, gegen deren schlagende Argumente auch ein David Ricardo nichts ausrichten kann.

Fazit: Der internationale Handel ist gar nichts Besonderes. Er

ist einfach eine Form des Handels, bei dem zufälligerweise nationale Grenzen überschritten werden. Handel, ob national oder international, hat den Vorteil, die Arbeitsteilung zu erleichtern, den Wettbewerb zu fördern und damit die Produktivität zu erhöhen. Doch diese Vorteile sind ein zweischneidiges Schwert. Zum einen kann der internationale Handel dazu beitragen, daß ein Land gleichsam in seiner Spezialisierung gefangen bleibt. Gerade David Ricardos berühmtes Beispiel Portugal mit seinem Wein ist ein solcher Fall. Viele Länder haben sich gerade deshalb entwickelt, weil sie sich dem internationalen Handel durch Protektionismus entzogen haben.
England ist ein gutes Beispiel dafür: Es hat ab 1651 nur britische Schiffe für internationale Transporte zugelassen, den Import indischer Baumwolle verboten und von 1774 bis 1842 die Ausfuhr britischer Investitionsgüter untersagt, um jede Konkurrenz im Keime zu ersticken.
Oder die USA, die ihre Industrie Jahrzehnte hinter vierzig Prozent dicken Zollmauern versteckt haben. Deutschland verdankt seinen industriellen Aufstieg dem Protektionisten Bismarck. Japans Wirtschaft ist noch heute stark protektionistisch. Korea ist ein typisches Beispiel, und selbst Irland, das von den Neoliberalen als Paradebeispiel einer durch Handel groß gewordenen Modellwirtschaft gefeiert wird, verdankt seinen Aufstieg wohl in erster Linie einer mit massiven EU-Subventionen geförderten Industriepolitik.
Als eines der vielen Gegenbeispiele sei hier lediglich Indien erwähnt, dessen (Textil-)Industrie gerade deshalb im Keime erstickt worden ist, weil die Besatzungsmacht Großbritannien die Kolonie Indien zur Öffnung der Grenzen gezwungen hatte.
Dieser Rückblick mag genügen, um zu zeigen, daß die neoliberale Verherrlichung des globalen Handels gefährlich ist. Eine erfolgreiche Wirtschaftspolitik erschöpft sich nicht darin, durch möglichst viel (globalen) Wettbewerb das Angebot möglichst schnell wachsen zu lassen. Darüber hinaus muß, und das ist der schwierigere Teil, auch die entsprechende

Nachfrage ermöglicht werden. Auf lokaler und nationaler Ebene ist dies relativ leicht möglich. Der globale Handel macht diese Aufgabe schwieriger – und wenn dann in jedem Land die neoliberalen Dummköpfe die geistige Lufthoheit erobern und behaupten, man könne sich im internationalen Geschäft nur behaupten, indem man den Gürtel enger schnallt, dann geht gar nichts mehr.

Der Markt und sein Gleichgewicht

Ein weiterer zentraler Begriff der Marktwirtschaft ist das *Gleichgewicht*. Das Gedankenmodell vom Allgemeinen Gleichgewicht mit all seinen mathematischen Formulierungen und Ableitungen hat mehr als ein Jahrhundert lang die neoklassische Wirtschaftstheorie beherrscht und ist im Neoliberalismus vollends zum Dogma erstarrt. Man kann das neoklassische Gleichgewicht der Märkte am besten als eine utopische Spezialform des Gleichgewichts der Kräfte erklären: Im atomistischen Markt wird jede Marktmacht durch den Wettbewerb solange pulverisiert, bis von ihr nichts mehr übrigbleibt. Wenn alle völlig machtlos sind, so das Versprechen der totalen Marktwirtschaft, dann ist zugleich ein Maximum an Freiheit und Wohlstand erreicht. Amen.
Wer dieses Dogma glaubt, und wer theoretischen Systemen mehr vertraut als der Kunst des Sichdurchwurstelns auf Sicht, der wird versuchen, das Gleichgewicht der Kräfte herzustellen, indem er alles, was sich dem Markt in den Weg stellt – Gesetze, Regierungen, Gewerkschaften, Kartelle usw. – dereguliert, liberalisiert und restrukturiert. Doch dieser Versuch ist zum Scheitern verurteilt. Er ist dumm, unpolitisch, unmenschlich, unökonomisch und vor allem auch unhistorisch.
Den atomistischen Markt hat es nämlich noch nie gegeben. «Und dort, wo man dem totalen Wettbewerb auch nur nahe gekommen ist», so schreibt der US-Ökonom Kenneth Galbraith in einer Betrachtung über die Agrarmärkte, «hat man – um noch größeren sozialen Schaden zu vermeiden – den Wettbewerb sofort wieder beschränkt.»
Ein noch bedeutenderer Experte in Sachen Macht und Marktwirtschaft ist der Wirtschaftshistoriker Peter Powelson. Er hat

in einer großangelegten historischen Studie die Frage gestellt, unter welchen Umständen in verschiedenen Kulturen eine Marktwirtschaft entstanden ist. Seine kurzgefaßte Antwort lautet: Der Markt ist immer nur im Gleichgewicht der Kräfte entstanden und unter der Voraussetzung der Freiheit der Gedanken und der Meinungsäußerung.

Die etwas längere Version kann folgendermaßen zusammengefaßt werden: Überall dort, wo sich zwei große Machtblöcke wie etwa Kirche und Staat oder zwei Herrschaftshäuser in einer Pattsituation gegenüberstehen, bietet sich für kleinere, aufstrebende Interessengruppen, etwa für Zünfte, Bauernverbände, religiöse Splittergruppen usw., die Möglichkeit, sich Freiräume zu schaffen, indem sie die einen gegen die anderen ausspielen beziehungsweise sich gegen Zusicherung bestimmter Privilegien und Freiheitsrechte der einen oder anderen Machtgruppe anschließen. So entsteht schließlich ein multipolares Machtgefüge, das nur durch gegenseitige Zugeständnisse und später durch allgemeingültige Regeln im Gleichgewicht gehalten werden kann. Nur in einem solchen sozialen Klima, so Powelsons Lehre aus der Geschichte, kann eine arbeitsteilige Wirtschaft gedeihen. Interessant ist, daß auch Powelson auf die Bedeutung wiederholter Beziehungen von Angesicht zu Angesicht (*face-to-face-relationship*) hinweist. Eine stabile Marktwirtschaft ist nur dort auf Dauer möglich, wo niemand genügend Macht hat, um vom Schreibtisch aus über andere verfügen zu können.

Peter Powelson steht mit seinen Theorien nicht allein. Zwar ist es nicht unproblematisch, den zeitgenössischen US-Historiker mit dem französischen Altmeister der beschreibenden Wirtschaftsgeschichte, Fernand Braudel, zu vergleichen. Während Powelson ständig damit beschäftigt ist, Thesen zu formulieren und zu verifizieren, wendet sich der Franzose immer dem Praktischen zu. Seine Devise lautet «beobachten, bis die Augen abgewetzt sind», und das hat er getan, leider bis hin zur Vernachlässigung fast jeder Theorie. Dennoch hat er uns eine interessante Dreiteilung hinterlassen, die gerade deshalb so wichtig ist, weil sie keine ökonomische Kopfgeburt ist, sondern auf der Beobachtung der Menschen und der Gesellschaft beruht. Braudel teilt das Haus der Wirtschaft ein in Parterre, einen ersten und einen zweiten Stock.

Das Parterre ist für Braudel gekennzeichnet durch Enge, Undurchsichtigkeit und Willkür. Im Parterre der Wirtschaft gibt es keine klaren Regeln, und dort, wo es sie doch gibt, etwa im Feudalismus, kann sich nur der Starke auf sie berufen. Das Parterre ist Ghetto und Subsistenzwirtschaft, es ist aber auch der Ort, wo die Menschen die Erfahrung machen, daß nur ein Mindestmaß an Solidarität das Leben erträglich oder gar angenehm macht. Das Parterre ist der Ort, wo sich in der Familie, in Freundschaft und Nachbarschaft – meist unter der Führung der Frauen – die Solidarität herausbildet. Diese wiederholten Erfahrungen führen schließlich dazu, daß sich im Parterre die Regeln herausbilden, auf denen der erste Stock gebaut werden kann.

Erst in der ersten Etage treten wir ein in das, was heute normalerweise Wirtschaft genannt wird – obwohl sich, wie man hinzufügen muß, der moderne Wirtschaftsjournalismus fast ausschließlich für die zweite Etage interessiert. Diese *Économie de Proximité* (Wirtschaft der Nähe), wie Braudel sie auch nennt, zeichnet sich aus durch klare Regeln und Kontrolle, die jedermann erlauben, mitzuspielen. Dieser Teil der Wirtschaft hat – da dürfen wir uns ganz auf Braudels Erfahrungsschatz (und unseren eigenen) verlassen – eine enorme zivilisatorische Wirkung. Der erste Stock fördert die Initiative, den Erfindungsreichtum, aber auch das Verantwortungsbewußtsein.

Und wie kommt diese Wirkung zustande? Hier stoßen wir auf eine Parallele zu Powelsons Gleichgewicht der Kräfte und zugleich auch zur modernen Literatur über den Zusammenhang von Vertrauen und Marktwirtschaft. Im ersten Stock, erklärt Braudel, ist keiner mächtig genug, um den anderen die Bedingungen diktieren oder sie kontrollieren zu können. Dennoch ist die gegenseitige Abhängigkeit sehr groß. Alle Mitspieler im ersten Stock sind weit entfernt von der wirtschaftlichen Autarkie. Es ist ja gerade die Arbeitsteilung, welche die Stärke der Marktwirtschaft ausmacht. In einer solchen Umgebung aber kann nur überleben, wer sich eine Reputation von Vertrauenswürdigkeit aufbaut. Das mag teilweise bloß Fassade sein, doch mit der Zeit entsteht daraus zwangsläufig eine Kultur der bürgerlichen Tugenden.

Man spürt: Die erste Etage – die er manchmal auch «lokale Marktwirtschaft» oder gar «Marktwirtschaft» schlechthin nennt – ist Braudels liebster Aufenthaltsort. Hier sieht er das beste im Menschen aufblühen. Man könnte deshalb ganz im Sinne Braudels auch sagen, die Marktwirtschaft sei die Vollendung des Liberalismus. In der Tat gibt es interessante Parallelen zwischen Braudels erster Etage und dem idealen Markt, wie ihn die klassische Wirtschaftstheorie beschrieben und der Neoliberalismus zum Glaubenssatz erhoben hat. Auch auf diesem Markt gibt es keine dominierenden Teilnehmer. Alle sind gleich stark, alle unterliegen denselben Regeln.

Dennoch muß es offenbar Unterschiede geben zwischen der neoliberalen Marktwirtschaft, welche die Produktion optimiert, und dem *Marché de Proximité*, der die Menschheit zivilisiert. Wo diese Trennlinie verläuft, wird klarer, wenn wir uns Braudels zweiter Etage zuwenden, der *Économie-Monde* oder Weltwirtschaft. Dieser Teil der Wirtschaft ist in den Augen Braudels das Spielfeld einiger weniger Großer und Mächtiger, die sich an keine Regeln halten müssen beziehungsweise die unter sich Abmachungen treffen, die kein Außenseiter kennt, geschweige denn, auf die er sich berufen könnte. In der zweiten Etage wird es wieder genauso undurchsichtig und eng wie im Parterre. Die Herren des zweitens Stocks haben zwar unter sich einen Ehrenkodex. Er äußert sich beispielsweise darin, daß Topmanager von Weltfirmen auch bei miesester Leistung selten ohne eine Abfindung von mindestens zehn Millionen Dollar wegbefördert werden. Anders als in der Marktwirtschaft müssen sie sich aber gegenüber ihren Mitarbeitern, Lieferanten, Kunden usw. keine Reputation aufbauen. Mit all diesen Leuten verbindet sie keine gegenseitige Abhängigkeit. Man ist weder ökonomisch aufeinander angewiesen, noch tritt man sich genügend oft von Angesicht zu Angesicht gegenüber. Man delegiert. Soziale Bißhemmungen können sich in dieser dünnen Höhenluft nicht entwickeln.

Auch bei Braudel, genau wie beim vorher zitierten Powelson, spielt also das Gleichgewicht der Kräfte, wie wir es in der *Économie de Proximité* vorfinden, die entscheidene Rolle nicht nur für das Funktionieren der Wirtschaft, sondern auch für die Qualität des Lebens in der Gesellschaft. Doch wann ist gleich gleich genug? Wieviel Gleichheit braucht es, um das Gleichgewicht der Kräfte fruchtbar zu machen? Diesen Fragen ist der politische Philosoph Michael Walzer in seinem Buch «Sphären der Gerechtigkeit» nachgegangen. Sein Konzept der distributiven Gerechtigkeit geht davon aus, daß sich das gesellschaftliche Zusammenleben in verschiedenen Sphären abspielt, die alle ihre eigenen Verteilregeln haben müssen. Nirgendwo gibt es absolute Gleichheit und Gerechtigkeit: Die einen sind intelligenter, schöner, gesünder oder stärker als andere. Macht kann wirtschaftlich begründet sein oder politisch, oder sie kann auf Charisma beruhen. Eine liberale Gesellschaft, so Walzer, beruht nun darauf, daß keine Sphäre die andere dominiert. Despotie ist für Walzer die Vorherrschaft einer Sphäre über die anderen. Sie kann durch eine politische Doktrin genauso herbeigeführt werden wie durch die Vorherrschaft des Geldes beziehungsweise der Marktregeln. Das Gegengift gegen die Despotie des Marktes ist nicht dessen Abschaffung, sondern der Versuch, die übrigen Sphären möglichst gut gegen die Übergriffe des Marktes abzuschotten, indem man beispielsweise dafür sorgt, daß Politiker und Richter nicht käuflich sind, daß Bildung nicht vom Geld abhängt, daß Lehrstühle nicht käuflich sind usw.

Markt und Moral

Adam Smith, der Urvater des Wirtschaftsliberalismus, war von Hause aus Moralphilosoph. Doch genau das war vielleicht ein Fehler. Für Smith war es völlig klar, daß die Marktwirtschaft nur auf der Grundlage der Moral gedeihen konnte beziehungsweise daß das Gewinnstreben des einzelnen durch Gesetz und Sittlichkeit begrenzt sei. Deswegen hielt er es in seinem Grundlagenwerk «An Inquiry into the Nature and Causes of the Wealth of Nations» auch nicht für nötig, auf diese Zusammenhänge speziell hinzuweisen, zumal er das Wesentliche dazu bereits in seiner dreimal neu aufgelegten «Theory of Moral Sentiments» ausführlich erläutert hatte.
Der Wirtschaftsliberalimus hat sich denn auch fast zwei Jahrhunderte lang kaum um die Zusammenhänge von Markt, Macht und Moral gekümmert – unter anderem auch deshalb nicht, weil darunter das Selbstwertgefühl der Ökonomen als Vertreter einer exakten Naturwissenschaft arg gelitten hätte. Es blieb deshalb den Wirtschaftshistorikern vorbehalten, diese alten Zusammenhänge neu zu entdecken und zu formulieren. Neben den bereits genannten, Braudel und Powelson, haben in jüngster Zeit vor allem zwei Autoren zu diesem Fragenkomplex vielbeachtete Bücher veröffentlicht: Francis Fukuyama in seinem Buch «Trust» und Alain Peyrefitte mit «La Société de Confiance». Beide haben die These vertreten und belegt, daß sich die beiden Produktionsfaktoren Arbeit und Kapital nur dann produktiv kombinieren lassen, wenn noch ein dritter Faktor hinzukommt – Vertrauen (englisch: Trust), Verantwortung oder auch soziales Kapital.
Vor diesem Hintergrund stellt sich auch die Frage, inwieweit der Markt dieses Vertrauen, auf dem er aufbaut, fördert oder

zerstört. Bis zu welchem Punkt übt der Markt eine zivilisatorische Wirkung aus, wann kippt er ins Gegenteil um, und woran liegt das? Diese Frage ist so alt wie der Markt selbst, und die Antwort darauf unterliegt offenbar Modezyklen. Wie Albert Hirschmann dargelegt hat, wurde die Marktwirtschaft vom sechzehnten bis ins neunzehnte Jahrhundert hinein (damals sprach man noch vom Handel) sehr positiv gesehen. Vor allem im achtzehnten Jahrhundert galt es von Montesquieu bis Kant als erwiesen, daß der Handel (*le doux commerce*) eine mäßigende, zivilisatorische Wirkung auf die Menschen ausübt, ihre Ehrlichkeit, Offenheit und Disziplin fördert und – indem er die gegenseitige Abhängigkeit verstärkt – letztlich auch den Frieden sicherer macht.

Seit dem neunzehnten Jahrhundert veränderte sich dann die Optik. Der Markt wurde vermehrt als eine Bedrohung der Moral gesehen. Am deutlichsten hat dies vielleicht Karl Marx im «Kommunistischen Manifest» ausgedrückt in seinem oft zitierten Satz: «Die Bourgeoisie hat die buntscheckigen Feudalbande unbarmherzig zerrissen und kein anderes Band zwischen Mensch und Mensch übrig gelassen, als nur das nackte Interesse, als die gefühllose bare Zahlung. Im eiskalten Wasser egoistischer Berechnungen wurden die Religion und ritterliche Tugenden ertränkt, die persönliche Würde wurde in Tauschwerte aufgelöst, und anstelle der zahllosen verbrieften und wohlerworbenen Freiheiten wurde die eine, gewissenlose Handelsfreiheit gesetzt.»

Doch auch ein der Wirtschaftsfeindlichkeit schwerlich zu verdächtigender Zeuge wie Max Weber (1864–1920) sagt in ganz anderen Worten und fast ohne wertenden Unterton dasselbe: «Der Geldverkehr stellt also eine Depersonalisierung und Quantifizierung der Lebensbedingungen dar. Wo der Markt seiner Eigengesetzlichkeit überlassen wird, kennt er nur Ansehen der Person, keine Brüderlichkeits- und Pietätspflichten, keine der urwüchsigen, von den persönlichen Gemeinschaften getragenen menschlichen Beziehungen. Sie alle bilden Hemmungen der freien Entfaltung der nackten Marktvergemeinschaftung.»

Und noch eine Tonlage nüchterner haut auch der deutsche Soziologe Niklas Luhmann in dieselbe Kerbe: «Ethik innerhalb des Wirtschaftssystems stört die selbstorganisierende Autonomie. Die Geldform wirkt sozial destabilisierend, das heißt, sie kappt mögliche Bindungen, und genau dies ist die Bedingung der Ausdifferenzierung eines besonderen Funktionssystems der Wirtschaft.»
Wenn Marktwirtschaft so wäre, wie dies Marx, Weber und Luhmann behaupten, dann wäre sie wohl längst abgeschafft worden. Doch der Markt ist nicht so, er kann offenbar ganz unterschiedliche Eigenschaften aus den Menschen «herauskitzeln», und über weite Strecken des zwanzigsten Jahrhunderts hat er sich offensichtlich von seiner besseren Seite gezeigt. So hat die Marktwirtschaft – denken wir nur an die Montan-Union, and EWG und EFTA – zweifellos Entscheidendes zur Befriedung Europas nach dem Zweiten Weltkrieg beigetragen. Auch die Emanzipation der Frauen hätte nicht die – zwar noch ungenügenden, aber insgesamt doch beträchtlichen – Fortschritte gemacht, wenn der Arbeitsmarkt den Frauen nicht die Möglichkeit geboten hätte, aus der Enge der Familie und des Patriarchates auszubrechen.

Der Neoliberalismus und die Moral

Doch inzwischen hat sich das Blatt wieder gewendet. Die Marktwirtschaft, wie sie sich zu Ende des zwanzigsten Jahrhunderts präsentiert, wird zu Recht wieder vermehrt als eine Bedrohung der öffentlichen Moral gesehen. Der totale Wettbewerb hat ein geistiges Klima der Notwehr und der Rücksichtslosigkeit geschaffen. Die Prosa der neoliberalen Propheten ist in dieser Hinsicht verräterisch. Ausdrücke wie «Gürtel enger schnallen» oder «Opfer bringen» gehören dabei noch zu den harmloseren. Doch dann geht es vom «knallharten Wettbewerb» sehr schnell über den «Überlebenskampf» zum «mörderischen Wettbewerb».

Dazu ein Zitat. Es stammt von der (1997 noch) weltweit größten Beratungsfirma Andersen Consulting/Phoenix Group, stützt sich auf eine Befragung von zweihundert sogenannten Top-Führungskräften und steht in einer Broschüre mit dem bezeichnenden Titel «Dominieren oder Untergehen»: «Die Wettbewerbslandschaft verändert sich fortlaufend in unaufhaltsamem Rhythmus – mit oder ohne uns. Die Metamorphose vom ergänzenden zum konkurrenzierenden Handel ist jetzt in ein Stadium des *feindlich gesinnten* Handels übergegangen. Mandate für die Suche nach Partnerschaften, die auf *Vormachtstellung innerhalb einer bestimmten Branche* zielen, beweisen: in zahlreichen Branchen können sich Unternehmen romantische Beziehungen ebensowenig leisten, wie vorübergehende Schlachten oder Scharmützel. Es handelt sich hierbei um Branchen, die weltumspannende Unternehmungen hervorgebracht haben: die darauf aus sind, einen Krieg zu gewinnen – einige, indem sie die Flotte des Feindes und deren Kampffähigkeit zerstören. Diese Unternehmen konzentrieren

sich auf die Gesamtrendite während der Lebensdauer einer Investition, und diese Gesamtrendite ist in Wirklichkeit abhängig von der Monopolisierung der Markttätigkeit.»
Schonungsloser hätte auch Fernand Braudel die *Économie-Monde* nicht beschreiben können. Im Spiel der ganz Großen geht es nicht mehr darum, eine Reputation zu wahren oder Spielregeln einzuhalten. Hier ist alles erlaubt, wenn es darum geht, die Konkurrenz vom Mitspielern auszuschalten und die Profite zu vergrößern. Das ist auch gar nicht erstaunlich: Die Unternehmen haben immer versucht, den Wettbewerb auszuschalten. Das reine Spiel des Marktes hat noch nie zu mehr Wettbewerb geführt, sondern immer nur zur Vorherrschaft des Stärksten.
Doch die Verfasser dieser Texte wollen nicht nur die Gesetze des Marktes abschaffen, sondern auch die Gesetze schlechthin. Wer um sein Überleben kämpft, darf keine falschen Rücksichten nehmen. Wo brutale Sachzwänge herrschen, hat auch die Moral keinen Platz mehr. Die Frage lautet nicht: entlassen oder nicht entlassen? Sie lautet vielmehr: Soll ich heute viele auf die Straße stellen oder morgen noch mehr? Die Texte der Neoliberalen sind allesamt in einer Sprache der Unausweichlichkeit geschrieben: Wir treten in Stadien ein, Landschaften verändern sich unaufhaltsam – mit oder ohne uns. Wir machen mit, oder wir gehen unter.
Diese Ohnmacht des gestaltenden Menschen, denselben historischen Bombast, finden wir auch im unseligen «Mut zum Aufbruch», einem sogenannten Weißbuch zur liberalen Erneuerung der Schweiz. Da «ist eine globale Informationsgesellschaft im Entstehen», da «werden noch vorhandene Regulierungen unterlaufen», da «dringt der Computer in eine Infrastruktur ein, und der verschmilzt allmählich mit der Telekommunikation», da sind «offene Netze wesentlich kreativitätsfreundlicher», und immer wieder sind «Prozesse im Gang». Und wo, bitte, sind wir in diesem Prozeß? Nun, «wir müssen lernen, mit Maschinen eines neuen Typs umzugehen», und wegen unserer Begriffsstutzigkeit «muß ein Mentalitätswandel schnell eingeleitet werden», bei uns «muß sich

die Einsicht durchsetzen, daß die Wirtschafts- und Gesellschaftspolitik vermehrt unter dem Gesichtspunkt des Standortwettbewerbs betrachtet werden muß». Und vor allem: «Wir haben keine Wahl», wenn wir nicht «drastische Wohlfahrtsverluste in Kauf nehmen» wollen.

Wie sehr der Markt heute die Moral untergräbt, läßt sich am besten am Markt aller Märkte beobachten, am globalen Kapitalmarkt. Dieser MARKT hat einige Eigenschaften, die an GOTT erinnern, ja man kann sogar sagen, daß er das irdische Konstrukt ist, das GOTT am nächsten kommt. Der Finanzmarkt ist beispielsweise allgegenwärtig. Er hat zwar einige örtlich definierte Kathedralen in New York, London, Zürich, Tokio usw. Aber im wesentlichen ist er ein körperloses, weltumspannendes Netz, das *real time* und rund um die Uhr funktioniert und dessen Entscheidungen für die ganze Welt gleichermaßen gelten.

Und wie ein richtiger GOTT hat auch der MARKT die Fähigkeit zu strafen. Regierungen zum Beispiel, die zuviel ausgeben, werden vom MARKT früher oder später, aber immer hart und gerecht bestraft. Zumindest können wir das in der Finanzpresse so nachlesen. Auch Chefs von Notenbanken pflegen solche Redensarten. Auch Gewerkschaften können mit zu hohen Lohnforderungen den Zorn des MARKTES auf sich ziehen, wobei jeweils die Notenbanken mittels Zinserhöhungen nicht ungerne die Exekution der Strafe übernehmen.

Es gibt allerdings einen großen Unterschied: GOTT kann man nicht sehen, den MARKT hingegen schon. Zwar sieht man nie den ganzen MARKT auf einmal, sondern immer nur Teilstücke davon, doch die gleichen sich so sehr, daß man sie durchaus als pars pro toto verstehen kann. Eine der typischen Erscheinungsformen heißt *Trading Floor*. Das sind Bürosäle, in denen manchmal mehr als hundert Leute vor jeweils drei Bildschirmen sitzen und mit der ganzen Welt telephonieren. Konversation kann man das nicht nennen. Der uneingeweihte Besucher vernimmt erst nur ein rauhes Bellen, und erst mit der Zeit versteht er, daß hier Zahlen geschrien werden. An den wenigen Stellwänden oder Säulen hängen vorwiegend anzügliche bis pornographische Bilder, und die Sandwichtüten am Boden verraten, daß man sich hier keine Mittagspausen gönnt. Manchmal schwillt das Stimmengewirr plötzlich orkanartig an. Ab und zu ist hysterisches Gelächter zu hören. Die Leute in den *Trading Floors* sind meist jung. Lange hält es hier keiner aus.

Doch das ist nur die Oberfläche. Was sich in der überreizten und pubertierenden Atmosphäre des MARKTES sonst noch alles zusammenbraut, war kürzlich im «Wallstreet Journal» nachzulesen. Da soll etwa ein Händler seinen Computer für eine geschäftsschädigende Panne bestraft haben, indem er ihn unter dem Gejohle der Kollegen und Kolleginnen zuerst ausgiebig bepinkelt und dann in Brand gesetzt hat.

Der MARKT straft sofort. Wenn es denn sein muß, auch in der Gestalt einer Vermögensverwalterin, die – immer laut «Wallstreet Journal» – einen Börsendiener mit der Peitsche traktiert hat, weil der Unglückliche einen Verkaufsauftrag zu spät – und deshalb zu einem tieferen Preis – ausgeführt hatte. Und wenn einmal kein Schuldiger zugegen ist, dann lassen die *Masters of the Universe* ihren Un- und Übermut zuweilen auch ganz einfach am Mobiliar aus. In den einschlägigen amerikanischen Seminarhotels sind die Kollektivreisenden von Anlagefonds oder Vermögensverwaltungsbanken inzwischen fast so gefürchtet wie die Heuschreckenschwärme im alten Ägypten. Das Hotelpersonal ist froh, wenn die Schießereien nur in den Zimmern und Seminarräumen und nicht in der Lobby stattfinden. Die gewieften Hotelmanager sind inzwischen dazu übergegangen, die Zimmer nach Waffen zu durchsuchen, und stoßen dabei nicht selten auf Arsenale, für die sich sogar weiland die Rote-Armee-Fraktion nicht geschämt hätte.

Frank Portnoy, der einige Jahre bei First Boston und Morgan Stanley als Spezialist für derivative Finanzinstrumente gearbeitet hat, beschreibt in seinem 1997 erschienenen Buch «F.I.A.S.C.O.», mit welch fiesen Tricks Kunden über den Tisch gezogen und um Millionen von Dollars betrogen werden. Vor allem aber schildert er, wie unter den meist jungen Ange-

stellten dieser Kasino-Banken bewußt ein Klima von Konkurrenz, Geldgier, Risikobereitschaft und abgebrühtem Zynismus gezüchtet wird. Im Schlußkapitel faßt er seine Erkenntnisse wie folgt zusammen: «Jeder, der ein paar Jahre als Investmentbanker gearbeit hat, ich eingeschlossen, ist am Schluß ein Arschloch. Wir sind zwar die reichsten Arschlöcher, die es gibt, aber eben letztlich doch nur Arschlöcher.»
Das also sind die Leute, durch welche der MARKT seine segensreiche Wirkung entfaltet. Zweifellos hat dieser unreife Klüngel von weltweit einigen zehntausend mehr oder minder anonymen Allokatoren eine beträchtliche Macht in seinen Händen. Aber man muß schon ein extrem autoritätsgläubiger Mensch sein, um das auch noch gut zu finden. Und nur, wer vom politischen Liberalismus aber auch gar nichts versteht, bringt es fertig, aus diesem Akt der geistigen Unterwerfung auch noch eine neoliberale Philosophie zu zimmern.

IV
Agenda für einen neuen Wirtschaftsliberalismus

Zur Marktwirtschaft gibt es keine Alternative. Weder bricht übermorgen der Kommunitarismus aus, noch gibt es ein Zurück zur Planwirtschaft oder zur Stammesgesellschaft. Doch es gibt Dutzende von denkbaren Spielformen der Marktwirtschaft. Eine davon ist die neoliberale Utopie, basierend auf der reinen (beziehungsweise rein ökonomischen) Lehre der totalen Konkurrenz auf atomistischen Märkten. Andere Spielformen des Kapitalismus haben sich in der Praxis bewährt. Zu ihnen gilt es zurückzufinden und sie pragmatisch weiterzuentwickeln. Die Grundlage dafür ist der politische Liberalismus. Außerdem lohnt es sich, auf einige wesentliche Elemente des klassischen Wirtschaftsliberalismus zurückzugreifen, denn:

1. Der Wirtschaftsliberalismus stammt aus dem Geist der Aufklärung, und der ist sozusagen der wirtschaftspolitische Arm des politischen Liberalismus. Dessen Ziele aber sind nach wie vor richtig und wichtig – gerade in einer Zeit, in der die religiösen und pseudoreligiösen beziehungsweise neoliberalen Fundamentalismen sich überall eines starken Zulaufs erfreuen.

2. Der Wirtschaftsliberalismus beziehungsweise die neoklassische Wirtschaftstheorie ist noch immer die zwar nicht begriffene, aber anerkannte Grundlage des Neoliberalimus. Es ist deshalb auch taktisch geschickt, den Neoliberalismus mit dessen eigenem Waffenarsenal wieder zur Vernunft zu bringen.

3. Die notwendige Erweiterung des Wirtschaftsliberalismus und seiner neoklassischen Grundlagen erfordert keinen radikalen Bruch mit den anerkannten Grundlagen der modernen Ökonomie. Alle Teile des Puzzles sind gleichsam schon da. Sie sind nur falsch zusammengesetzt.

Welches sind nun die wichtigsten Erfordernisse eines modernen Wirtschaftsliberalismus? An allererster Stelle steht dies: Der Wirtschaftsliberalismus muß kompromißlos sein, wenn es darum geht, sich an den Zielen des politischen Liberalismus zu orientieren. Das höchste Ziel ist die Menschenwürde und die optimale Entfaltung des Individuums. Voraussetzung dafür sind Spielregeln, auf die sich jedermann berufen kann beziehungsweise die allen das Mitspielen ermöglichen. Dies wiederum setzt ein Gleichgewicht der Kräfte voraus, in dem jeder von allen anderen soweit abhängig ist, daß er sie nicht dominieren kann, aber auch soweit unabhängig, daß er seine eigenen pluralistischen Lebenspläne mit vernünftigen Erfolgsaussichten verfolgen kann. Dieses Gleichgewicht muß in einer politisch-zivilisatorischen Anstrengung pragmatisch immer wieder neu austariert werden.

Wenn es jedoch um die Mittel geht, mit denen diese Ziele erreicht werden sollen, darf es keinerlei Dogmen geben. Im Sinne der Aufklärung muß jeder Einwand erlaubt sein. Anders als der Neoliberalismus kennt der Wirtschaftsliberalismus keinen marktgewollten, alleinseligmachenden Weg zum Glück.

Dennoch gibt es nach der Überzeugung des Wirtschaftsliberalismus zwei Institutionen, die besonders gut geeignet sind, die Ziele des politischen Liberalismus umzusetzen: das Eigentum und die freie Marktwirtschaft. In beiden Punkten weicht der Neoliberalismus entscheidend vom klassischen Wirtschaftsliberalismus ab und entfernt sich von den Zielen des politischen Liberalismus.

Der Neoliberalismus sieht das Eigentum als Selbstzweck, der Wirtschaftsliberalismus muß es funktional betrachten. Er muß verstehen, daß der Markt die Tendenz hat, Eigentum in den Händen von wenigen zu konzentrieren, und damit die Marktdynamik gelähmt und die Freiheit (der Besitzlosen) unterdrückt wird. Die Garantie des Eigentums muß also flankiert werden von der Politik der Eigentumsstreuung beziehungsweise von der Politik des Rechts auf Eigentum. Dazu benötigt der Staat zwar gewisse Mittel, aber andererseits ist ein breit gestreutes Eigentum auch die liberale Alternative zu einem ausufernden Sozialstaat. Die Wirklichkeit ist nun einmal widersprüchlich.

Die Marktwirtschaft wird von den Neoliberalen als Freibrief für die ungehemmte Entfaltung von Marktmacht mißverstanden. Für den politischen Liberalismus hingegen ist die Marktwirtschaft nur eine Unterabteilung eines umfassenderen Gleichgewichts der Kräfte. Es geht nicht darum, die Utopie eines totalen Wettbewerbs und atomistischen Marktes zu verfolgen, sondern ein Gleichgewicht der wirtschaftlichen Kräfte herzustellen, wobei der Markt nur ein Mittel zum Zweck ist. Dieses Gleichgewicht ist zur Zeit erheblich gestört. Die real existierende Marktwirtschaft bringt seit bald zwanzig Jahren eine zunehmend ungleiche Einkommens- und Vermögensverteilung hervor, die durch Steuern und Umverteilungsmaßnahmen nur ungenügend korrigiert wird. Der Hauptgrund für diese Entwicklung liegt in der zunehmenden Monopolisierung der Gütermärkte und in der immer ungleicheren Verteilung der Macht auf den Arbeitsmärkten. Der Wirtschaftsliberalismus muß mit einer verschärften Wettbewerbspolitik auf den Gütermärkten und mit einer Stärkung der Arbeit auf den Faktormärkten dagegen ankämpfen. Erst wenn dies gelungen ist, kann auch der Sozialstaat abgebaut werden.

Doch dies allein reicht heute nicht mehr. Die freie Entfaltung der Individuen in der Gesellschaft kann nur wiederhergestellt werden, wenn es gelingt, die (im Sinne Michael Walzers) totalitäre Herrschaft des Marktes über die Gesellschaft zu brechen, ein Problem, das der klassische Wirtschaftsliberalismus nicht voraussahnen konnte. Der Markt, der ursprünglich den Menschen dienen sollte, hat die Menschen selbst zu seinen Dienern gemacht. Er hat sie in seiner Hand, weil er sie zur Höchststrafe verurteilen kann, nämlich zum Ausschluß aus der Gesellschaft. Mehr als zehn Prozent der Menschen in Westeuropa*, ein Fünftel der Jugendlichen in Frankreich oder Spanien sind heute vom Arbeitsmarkt und damit aus der

---

* Die USA und die Länder des angelsächsischen Kapitalismus sind übrigens nicht besser dran. Betrachtet man der besseren Vergleichbarkeit wegen nur die Quote der nichtarbeitenden Männer (ob sich Männer oder insbesondere Frauen als arbeitslos registrieren lassen, hängt sehr stark vom Sozialsystem der betreffenden Länder ab), so zeigt sich, daß von allen westeuro-

Gesellschaft ausgeschlossen. Diese Macht des Marktes muß gebrochen werden, und dazu braucht es eine Gegenmacht beziehungsweise eine Alternative zum Arbeitsmarkt.

Die Arbeitslosigkeit hat viele Gründe. Der wichtigste davon ist der durchschlagende Erfolg der Marktwirtschaft. In Frankreich etwa hat die Produktivität pro Arbeitsstunde zwischen 1949 und 1990 um jährlich 4,3 Prozent zugenommen. Davon sind 3,2 Prozentpunkte mehr konsumiert worden, und 1,1 Prozentpunkte wurden verwendet, um die Arbeitszeit zu verkürzen. Für andere Länder liegen keine entsprechenden Untersuchungen vor, doch dürften die Verhältnisse zumindest in Italien, Frankreich und Japan ähnlich liegen. Daß die Grenzen dieses Produktivitätsfortschritts noch lange nicht ausgeschöpft sind, beweist ein Blick in jedes beliebige Quartalsheft der McKinsey Company.

Doch dieser Produktivitätsfortschritt muß erst einmal absorbiert werden. Das ist gar nicht so einfach, wie jeder Studienanfänger in Ökonomie weiß, denn das Gesetz des abnehmenden Grenznutzens besagt, daß jede zusätzliche Konsumeinheit weniger Nutzen spendet. Damit aber sinkt erst einmal der Anreiz zum Konsum. Entsprechend müßte nun auch der Anreiz zum Arbeiten sinken, denn der Nutzen, den man mit dem Lohn der einundvierzigsten Arbeitsstunde kaufen kann, nimmt ab. Umgekehrt müßte nach den ökonomischen Theorien das Grenzleid der letzten Stunde Arbeit besonders groß sein. Ergo müßte ein immer größerer Anteil des Produktivitätsgewinnes in Form von verkürzten Arbeitszeiten konsumiert werden.

Doch diese automatische Optimierung von Freizeit, Arbeit und Konsum funktioniert aus verschiedenen Gründen immer weniger. Der offensichtlichste Grund dafür ist die Zukunfts-

päischen Ländern nur Italien mit 14,2 Prozent leicht schlechter abschneidet als die USA mit 13,8, während Deutschland mit 13,1 und Frankreich mit 11,5 Prozent leicht bessere Werte aufweisen. Australien, Kanada, Neuseeland und vor allem Großbritannien mit 18,7 Prozent haben sehr hohe Anteile von nichtarbeitenden Männern.

angst. Wer befürchten muß, morgen den Job zu verlieren, arbeitet, solange er noch kann, und spart für schlechtere Zeiten. Und wenn das alle tun, verschiebt sich das Verhältnis von Konsum und Freizeit noch mehr zu Lasten des Konsums, nur daß sich jetzt die Freizeit in unfreiwillige Arbeitslosigkeit verwandelt, was die Angst und die Sparsamkeit noch vergrößert. Es entsteht ein Teufelskreis.

Er hat letztlich nur eine Ursache – nämlich die Unfähigkeit der Politik, die Vision von einer postindustriellen Gesellschaft zu entwerfen. Dabei ist sie doch naheliegend: Dank der arbeitsteiligen Geldwirtschaft können immer mehr Güter in immer kürzerer Zeit hergestellt werden. Die Freizeit nimmt zu, doch diese Freizeit ist schon heute nicht bloß unproduktive Zeit. Ganz im Gegenteil. Trotz der enormen Produktionskraft des Marktes finden auch heute noch weit mehr als die Hälfte der für das Überleben und für Lebensqualität nötigen und nützlichen Tätigkeiten außerhalb des Geldverbundes statt.

Diese «informelle» oder «natürliche» Wirtschaft, die einige auch den «Vierten Sektor» nennen, wird in Zukunft wieder an Gewicht gewinnen müssen. Viele Tätigkeiten, die heute mehr schlecht als recht von der Marktwirtschaft erledigt werden – wie zum Beispiel die Altenpflege –, müssen in die informelle Wirtschaft zurückgeholt werden – und zwar nicht, um die Arbeit zu strecken, sondern um sie qualitativ zu verbessern. Zu diesem Zweck sollte sie aber erst einmal als Teil der Wirtschaft wiederentdeckt werden. *Ökonomie* kommt vom griechischen *Oikos* und meinte ursprünglich die Hauswirtschaft.

Ein moderner Wirtschaftsliberalismus wird sich deshalb auf einen umfassenderen, menschengerechten Begriff von Wirtschaft stützen. Danach wäre die Wirtschaft die Gesamtheit aller Tätigkeiten und Ressourcen-Beanspruchungen, die das Wohl der Menschen fördern. Die Marktwirtschaft ist nur ein Ausschnitt aus diesen Tätigkeiten. Genauer: der Markt ist einer der Mechanismen, mit denen Wirtschaft koordiniert wird. Andere Koordinationsmechanismen sind beispielsweise der Staat und vor allem die Gemeinschaft, welche den Rahmen für den «informellen Sektor» bietet.

Nun geht es allerdings nicht einfach darum, die Gemeinschaft in den Mittelpunkt zu stellen, wie dies der Kommunitarismus tut, dessen Lebensgefühl sich wie folgt umschreiben läßt: «Ich spüre den Gemeinschaftssinn, also bin ich.» Der moderne Wirtschaftsliberalismus wird das Problem differenzierter angehen. Nicht die Stärkung der Gemeinschaft an sich sollte sein Ziel sein, sondern ein optimales Gegen- und Miteinander der Koordinationsmechanismen. Zu diesem Zweck braucht es zuerst eine gesunde Dosis kühle Analyse, und die ist zum Glück auch dort zu haben, wo der Wirtschaftsliberalismus schon immer seine Inspirationen hergeholt hat, nämlich bei der Ökonomie.

Professor Bruno S. Frey von der Universität Zürich, der Ökonomie immer bewußt als Sozialwissenschaft betrieben hat, zieht in seinem Buch «Markt und Motivation: wie ökonomische Anreize die (Arbeits-)Moral verdrängen» die Grenze zwischen Markt, Macht und Moral wie folgt: Der Austausch von Leistung gegen Geld beziehungsweise die materielle Belohnung ist nur eines von drei Antriebssystemen. Daneben gibt es noch den Befehl beziehungsweise Gebote und Verbote und – zwar als Restgröße definiert, aber nicht minder wichtig – die intrinsische Motivation, das, was der Mensch aus eigenem Antrieb tut. Die Triebfeder dieser intrinsischen Motivation ist einerseits die Freude an der sinnstiftenden Arbeit schlechthin. Dann hängt sie aber auch stark vom sozialen Umfeld ab. Geld, Markt und Moral stehen in einem Konkurrenzverhältnis.

Herbert Ginties und Samuel Bowles, beide Professoren im Department for Economics an der Universität von Massachusetts, denken in eine ähnliche Richtung. Sie haben eine Drei-Sektoren-Theorie der Wirtschaft skizziert, in welcher der Markt neben dem Staat und der Gemeinschaft eine von drei Koordinationsinstanzen ist. Sie gehen davon aus, daß wertschöpfende Tätigkeiten immer eine Koordination voraussetzen und eine Verteilung mit sich bringen. Koordiniert und verteilt werden muß einerseits zwischen all denen, die sich an der Wertschöpfungskette beteiligen, und andererseits zwischen den Produzenten und den Nutznießern.

Alle drei Koordinationsinstanzen, der Staat, die Gemeinschaft und der Markt, haben ihre Stärken und Schwächen. Die Stärke des Staates liegt unter anderem in seiner Kompetenz, verbindliche Regeln für alle festzulegen. Werden diese Regeln in einem demokratischen Prozeß diskutiert, so hat die staatliche Zwangskoordination zudem noch den Vorteil, daß dadurch Gemeinschaft geschaffen und die kollektive Vernunft gestärkt wird. Andererseits sind staatliche Regelungen schwerfällig, sie können wenig Rücksicht nehmen auf die Interessen von Minderheiten, und ihre Durchsetzung ist relativ aufwendig.

Die zweite Koordinationsinstanz ist die Gemeinschaft. Gemeinschaftliche Koordination entsteht dort, wo Menschen in ständigem Kontakt zueinander stehen, also in Familien, Nachbarschaften, Betrieben, kirchlichen Gemeinschaften usw. Gemeinschaften koordinieren sehr effizient. Ihr einziges «Zwangsmittel» ist die soziale Ächtung beziehungsweise das Ansehen, das man durch Wohlverhalten erringen kann. Das ermöglicht eine sehr kostengünstige Koordination, die gleichsam als Nebenprodukt des sozialen Kontakts auftritt. Der Nachteil der Gemeinschaft liegt vor allem darin, daß ihre Wirkung räumlich sehr begrenzt ist. (Nicht jedermann ist sozial so potent wie US-Präsident Clinton, von dem der Nachrichtensprecher von Radio DRS einmal sagte: «In einem vertraulichen Brief an eine Million seiner besten Freunde hat der US-Präsident seiner Sorge darüber Ausdruck verliehen ...»)

Das dritte Koordinationsinstrument schließlich ist der Markt. Sein großer Vorzug liegt darin, daß seine Koordinationskraft theoretisch unbegrenzt ist. Dadurch schafft er auch Freiräume, welche die Menschheit den liberalen Zielen näherbringen können. Am Markt kann sich jeder Mensch beteiligen, dem es gelingt, sich einen Ruf von Glaubwürdigkeit und Zuverlässigkeit zu schaffen. Außerdem zwingt einen der Markt dazu, Vorurteile zu überwinden. Wer als Händler erfolgreich sein will, muß alle gleich behandeln, seien sie schwarz oder weiß, Ausländer oder Nachbarn, Christen oder «Heiden». Nicht zufällig haben führende Denker des achtzehnten Jahrhunderts

wie Montesquieu, Kant usw. die zivilisierende Wirkung des *doux commerce* gelobt.
Außerdem sind Märkte effizient. Die Informationen, die sie schaffen, nämlich die Preise, sind – im Idealfall – für jedermann verfügbar. Das schafft Konkurrenz, und die wiederum sorgt für einen optimalen Einsatz der Mittel. Im Gegensatz zur Gemeinschaft, wo jeder jedermanns Bedürfnisse kennt und wo unfaires Verhalten durch soziale Ächtung praktisch ohne soziale Kosten bestraft werden kann, verursacht der Markt hohe Koordinations- und Durchsetzungskosten. Beispielsweise ist ein riesiger Aufwand an Marketing und Werbung nötig, um Angebot und Nachfrage aufeinander abzustimmen. Immer mehr muß den Konsumentinnen und Konsumenten ein Bedürfnis mit enormem Werbeaufwand erst einmal eingeredet werden, und man kann sich mit Recht fragen, ob hier noch von einer echten Bedürfnisbefriedigung gesprochen werden kann – vom Werbeaufwand einmal ganz abgesehen. Außerdem erfordert der Markt einen beträchtlichen Koordinationsaufwand, um die Einhaltung der Verträge zu gewährleisten. Das fängt damit an, daß komplexe Verträge ausgehandelt und dokumentiert werden müssen, und endet nicht selten vor Gericht.
Auch der ganze Finanzsektor gehört zu den Koordinationsaufwendungen des Marktes, die keiner direkt produktiven Tätigkeit dienen. In den USA (siebzehn Prozent des Sozialprodukts) und in Großbritannien (zweiundzwanzig Prozent) verschlingt der Finanzsektor inzwischen mehr Ressourcen als die Industrie. Zählt man die Werbung, die kommerzielle Rechtspflege und den Finanzsektor zusammen, so dürfte die reine Koordination etwa die Hälfte der ganzen marktwirtschaftlichen Tätigkeiten ausmachen. Dieses Mißverhältnis fällt allerdings deshalb kaum auf, weil das Bruttosozialprodukt der einzige, allgemein anerkannte Ausdruck der wirtschaftlichen Leistung eines Landes ist, und dieser macht keinen Unterschied zwischen den Aufwendungen für die Koordination und solchen, die der Befriedigung von Bedürfnissen dienen.
Diese Beispiele mögen genügen, um zu zeigen, daß eine gesell-

schaftlich optimale Bedürfnisbefriedigung nur mit einer geschickten Kombination von Staat, Gemeinschaft und Markt gelingen kann. Dabei ist ziemlich offensichtlich, daß der Markt heute viel zu viel Raum einnimmt und damit den Staat untergräbt und die Gemeinschaft an den Rand drückt. Man muß kein Sozialschwärmer oder Kommunitarier sein, um diesen Zustand zu bedauern. Dieses Ungleichgewicht ist im Sinne eines modernen Wirtschaftsliberalismus unökonomisch. Und vor allem erstickt der grenzenlose Markt die Freiheit, die der politische Liberalismus meint.

Es geht also darum, die Sphären der Gerechtigkeit wiederherzustellen und den gesellschaftlichen Koordinationsmechanismen ihren Platz zuzuordnen. Dabei gibt es allerdings eine klare Hierarchie. Eine funktionierende Marktwirtschaft ist ohne Staat nicht möglich, und der Staat wiederum steht auf dem Fundament der Gemeinschaft. In ihr entsteht das Vertrauen und entwickeln sich die bürgerlichen Tugenden.

Und der Markt? Er ist im besten Fall der Zuckerguß und die Kirsche obendrauf. Und im schlechtesten Fall erdrückt er mit seinem Gewicht die Gemeinschaften so lange, bis die soziale Unrast einen starken oder gar repressiven Staat hervorbringt. Das zu verhindern wäre die Aufgabe des politischen Liberalismus. Die Aufgabe ist nur zu lösen, wenn auf allen Ebenen das Gleichgewicht der sozialen Kräfte wiederhergestellt wird.

Bibliographie

Bairoch, Paul, «Mythes et paradoxes de l'histoire économique», Ed. la découverte, Paris 1994

Bénabou, Roland, «Inequality and Growth», NBER Macroeconomics Annual, New York University, New York, 1995

Binswanger, Hans Christoph, «Die Glaubensgemeinschaft der Ökonomen», Gerling, München 1998

Blanchard, Kenneth/Zigarmi, Patricia, «Leadership and the One Minute Management», William Morrow, New York 1985

Bowles, Samuel/Gintis, Herbert, «Efficient Redistribution: New Rules for Markets, States and Communities», Working Paper 1994-7, University of Massachusetts, Boston, 1994

Braudel, Fernand, «Civilisation matérielle, économie et capitalisme», 4 Bände, Armand Colin, Paris 1979

Flach, Karl-Hermann/Maihofer, Werner/Scheel, Walter, «Die Freiburger Thesen der Liberalen», Rowohlt, Hamburg 1972, Seite 63 und 68 ff.

Flach, Karl-Hermann, «Noch eine Chance für die Liberalen», S. Fischer, Frankfurt 1972, insbesondere Seite 12 bis 37

Frank, Robert H./Cook, Philip J., «The Winner-Take-All Society», Martin Kessler Book, New York 1995

Frey, Bruno S., «Ökonomie ist Sozialwissenschaft», Vahlen, München 1990

Frey, Bruno S., «Markt und Motivation: wie ökonomische Anreize die (Arbeits-)Moral verdrängen», Vahlen, München 1997

Fukuyama, Francis, «Trust: The Social Virtues and the Creation of Prosperity», The Free Press, New York 1996

Galbraith, John Kenneth, «The Good Society, the Humane Agenda», Sinclair Stevenson, London 1996

Galbraith, John Kenneth, «The World Economy since the Wars», Sinclair Stevenson, London 1994

Gall, Lothar/Koch, Rainer (Hrsg.), «Der europäische Liberalismus im 19. Jahrhundert», Ullstein, Frankfurt 1981

Heinsohn, Gunnar/Steiger, Otto, «Eigentum, Zins und Geld», Rowohlt, Hamburg 1996

Heywood, Andrew, «Political Ideologies», Macmillan Press, London 1992

Johnston, David, «The Idea of a Liberal Theory», Princeton University Press, Princeton 1996

Luhmann, Niklas, «Die Wirtschaft der Gesellschaft», Suhrkamp, Frankfurt 1994

Müller-Armack, Alfred, «Genealogie der Sozialen Marktwirtschaft», Haupt, Bern 1981

Partnoy, Frank, «F.I.A.S.C.O.—Blood in the Water on Wall Street», Profile Books, London 1997, Seite 206 ff.

Peyrefitte, Alain, «La Société de confiance – Essai sur les origines et la nature du développement», Ed. Odile Jacob, Paris 1995

Pfeffer, Jeffrey, «Competitive Advantage through People», Harvard Business School Press, Boston 1994

Powelson, John P., «Centuries of Economic Endeavor», The University of Michigan Press, Michigan 1994

Rifkin, Jeremy, «Das Ende der Arbeit – und ihre Zukunft», Campus, Frankfurt 1995

Ruh, Hans, «Argument Ethik», Theologischer Verlag Zürich, Zürich 1991

Schedler, Andreas (Editor), «The End of Politics», Macmillan Press, London 1997

Smith, Adam, «The Wealth of Nations», Penguin Classics, London 1986

Sue, Roger, «La Richesse des Hommes, vers l'économie quaternaire», Ed. Odile Jacob, Paris 1997

Ulrich, Peter, «Integrative Wirtschaftsethik», Haupt, Bern 1997

Ulrich, Peter/Thielemann, Ulrich, «Ethik und Erfolg», Haupt, Bern 1992

Walzer, Michael, «Sphären der Gerechtigkeit – Ein Plädoyer für Pluralität und Gleichheit», Campus, Frankfurt 1994

Wieland, Joseph, «Die Entdeckung der Ökonomie», Haupt, Bern 1989

Wolfe, Tom, «The Bonfire of the Vanities», Bantam, New York 1988

Zhao, Jun/Rust, Kathleen G./McKinley, William, «A Sociocognitive Interpretation of Organisation Downsizing», aus: «Global Business in the Information Age—Proceedings of the 23rd Annual EIBA Conference», Stuttgart 1997